Irene Hanappi

Mit Fotos von
Gai Jeger

# Gorizia
# Nova Gorica

Faszination
Grenzregion

Friaul-Julisch Venetien &
Slowenien
Collio & Goriška Brda
Vipava-Tal
Karst

# Inhalt

Ein einzigartiges
Zweigestirn  4

Die erste
Begegnung  6

Von der „alten Dame" Gorizia
und dem „Millenial" Nova Gorica –
eine Geschichte.
— Gorizia entdecken  13

Der Philosoph, der
ein Künstler war  20

Das Rätsel um Carlo Michelstaedter,
den berühmtesten Sohn der Stadt, und
das Wunder eines wiedergefundenen
Koffers.
— Wege des philosophischen
Künstlers  28

„Little Jerusalem
am Isonzo"  30

Gorizia war einst Zentrum einer
blühenden jüdischen Gemeinde.
Die restaurierte Synagoge zeugt von
dieser vergangenen Zeit.
— Jüdisches Leben in Gorizia  37

Die Seidenstaße
zwischen Görz
und Wien  40

Vom verhinderten Besuch einer
Kaiserin in Görz, Maulbeerbaum-
plantagen und kunstvollen Hand-
arbeiten im Kloster der Ursulinen.
— Zu Besuch in der Görzer
Oberstadt  46

Einer flog über
das Adlernest  48

Es gibt wohl wenige psychiatrische
Kliniken, die Eingang in die Literatur
gefunden haben. Auch in dieser
Hinsicht war Görz einzigartig.
— Ein Park und seine Geschichte  54

Die dunklen
Jahre  56

Gorizia als Schauplatz europäischer
Geschichte, Machtwechsel und
Kämpfe von der Jahrhundertwende
bis zu den 1950er Jahren.
— Spuren der Vergangenheit  65

Die Villa
der Contessa
Lydushka  68

Die Villa de Nordis als Zentrum
historischer Ereignisse und
Schauplatz einer faszinierenden
Familiensaga.
— Die Villa de Nordis und
das Umland  74

# Am Weg des Friedens  76

Auf den Spuren des Krieges, die in den Schützengräben und unterirdischen Gängen des Berges Sabotin bis heute sichtbar sind.
—Orte der Erinnerung  84

# Eine Fahrt mit der Wochbeinerbahn  88

Täler, Brücken und glasklare Flüsse: Zwischen Jesenice und Nova Gorica liegt eine der schönsten Bahnstrecken Europas.
—Nachhaltig unterwegs  98

# Ein Kommissar für die Gartenstadt  100

Die junge Stadt Nova Gorica lebt von den vielen Geschichten über kreative Köpfe, Pioniere und visionäre Denker.
—Nova Gorica entdecken  110

# Die Diva im rot-rosa Kleid  118

Von Bourbonen, Rosen und einer Begegnung im Klostergarten von Kostanjevica.
—Gorizianische Gartenpracht  126

# Den Schmugglerinnen auf der Spur  130

Geschichten einer Grenze, die – gottlob – keine mehr ist.
—Grenzgängerinnen  137

# Bike-Tour mit Bacchus  138

Einmal im Jahr treffen sich Vintage-Bike-Fans der Region zu einem ausgelassenen Ausflug durch den Collio in Italien und Goriška Brda in Slowenien. Ein Erlebnis!
—Unterwegs im Görzer Hügelland  146

# Zum Kaffee bei Signore Sirk  152

Joško Sirk ist die wohl schillerndste Figur der Gastro-Szene im Wein- und Hügelland um Gorizia.
—Bestes für Leib und Seele  158

# Alte Gemäuer, junge Gemüter  162

Von der römischen Vergangenheit in eine lebendige Zukunft – und all das im entspannten Slow-Travel-Modus.
—Genuss im Vipavatal  170

# Im Land der blassblauen Distel  176

Die Landschaft im Karst ist von einer besonderen Schönheit. Sie offenbart sich nicht auf den ersten Blick, belohnt aber jene, die genau hinsehen.
—Der Karst für alle Sinne  183

Danke/Bildnachweis  190

Impressum  192

# Ein einzigartiges Zweigestirn

Eine charmante Kleinstadt, in der einst die ganze Welt zu Hause war, wo das Miteinander der Kulturen zum Grundkonzept gehörte, und ein Utopia, am Reißbrett entworfen und aus der Not geboren, ein Mid-Century-Modell modernen Lebens und Arbeitens – so könnte man mit wenigen Worten Gorizia und Nova Gorica beschreiben.

Stadtflaneure und Abenteurerinnen, die es gewohnt sind, einfach loszuziehen, seien gewarnt. Der Wechsel von da nach dort vollzieht sich abrupt. Das Gegensätzliche löst zuweilen Irritationen aus. Aber genau darin liegt die Einzigartigkeit dieses Zweigestirns am europäischen Firmament: ein Phänomen großer Nähe bei gleichzeitiger Distanz in allem, was Weltanschauung, Architektur und Kultur betrifft.

Das zu erkunden, stellt einen großen Reiz dar. Anders als bei Berlin handelt es sich nicht um eine aufgrund von Kriegswirren geteilte Metropole, sondern um zwei Städte, die auf ihr unverwechselbares Profil pochen und auch ein bisschen stolz darauf sind. Gemeinsam haben sie sich einen Platz in den Geschichtsbüchern gesichert: Noch nie gab es in Europa eine Kulturhauptstadt, die sich über zwei Länder erstreckte – das slowenisch-italienische Modell hat Symbolcharakter, will einen Präzedenzfall statuieren: Wenn wir es schaffen, sagt man hier, dann schaffen es auch andere in der EU. Keine Ausreden!

Wie kein anderes Thema eignet sich das Thema „Kultur" zur Überwindung immaterieller Barrieren im Miteinander. Für kulturinteressierte Besucherinnen und Besucher eröffnet sich gleichzeitig ein weites Feld. Sie können aus dem Vollen schöpfen – da wie dort.

Gorizia setzt auf sein reiches Erbe aus der Vergangenheit, auf seine stattliche Burg, die Paläste, Kirchen und beschaulichen Piazzas. In Nova Gorica erweist man dem geschriebenen Wort die Ehre und führt am Theater Stücke auf, die Bezug zur Geschichte haben. Performance, Popkultur und Street Art sind ebenfalls stark vertreten und folgen dem Bottom-up-Prinzip.

Vieles weist darauf hin, dass es heute mehr Verbindendes als Trennendes gibt. Nicht zuletzt ist es die wunderschöne Landschaft, in die beide Städte eingebettet sind und die für ein ganz spezifisch-südländisches Lebensgefühl sorgt.

Schon zu Maria Theresias Zeiten galten der Collio, slowenisch Goriška brda, und das Vipavatal als „Garten Eden". Von hier kamen die Kirschen für die kaiserliche Tafel, von hier lieferte man den Wein für große Feste und Feierlichkeiten am Hof. Hier findet sich auch heute eine hohe Dichte an guten Restaurants, Trattorien und Gostilnas. Und weil nichts so sehr verbindet wie gemeinsam an einem Tisch zu sitzen, verwischen sich da die Grenzen, hört man wieder das Sprachengewirr von einst – und es lässt sich erahnen, was ein geeintes Europa sein könnte.

Die Piazza Vittoria in Gorizia – das Herz der Stadt

# Die erste Begegnung

Von der „alten Dame"
Gorizia und dem
„Millenial" Nova Gorica –
eine Geschichte

Gorizia und Nova Gorica. Diese klangvollen Namen lassen Bilder im Kopf entstehen. Bilder zweier Frauen. Die eine jung, die andere um vieles älter. Man könnte sie sich als Stiefschwestern vorstellen, die wenig gemeinsam haben, oder als Nachbarinnen, die jahrelang den Kontakt zueinander mieden. Noch zutreffender wäre es vielleicht, von entfernten Verwandten zu sprechen, die von der Existenz der jeweils anderen wussten, sich im realen Leben aber noch nie begegnet sind.

Anlässlich eines bevorstehenden Familientreffens wollen sie einander kennenlernen. Sie vereinbaren einen Termin. Beide sind neugierig, aber auch etwas unsicher. Die Jüngere, nennen wir sie Žana, stellt ihren E-Scooter auf der Piazza Vittoria ab und läutet bei Haus Nummer 10. Emilia, wie wir die ältere Dame nennen wollen, streicht sich das Haar glatt, wirft einen Blick in den Spiegel und entriegelt die Tür.

„Salve", sagt der Teenager und zieht die Stöpsel seiner Kopfhörer aus den Ohren. Trotz Dämmerlicht im Flur leuchtet ein Nasenpiercing auf. „Piacere", erwidert die alte Dame und führt das Mädchen in den Salon. Wie selbstverständlich sprechen sie miteinander Italienisch, obwohl Žana Slowenin ist.

Die Holzläden im Salon sind geschlossen, der Raum liegt im Halbdunkel. Emilia schiebt die Vorhänge zur Seite und öffnet die Fenster. Der Blick fällt auf den schönen Platz, der sich gegen Osten hin weitet. Früher hieß er Piazza Grande. Heute Piazza Vittoria. Siegesplatz.

Auf Slowenisch nennt man ihn „Travnik", das weiß Žana aus einer Broschüre, die im Infopoint von Gorizia aufliegt und Besucherinnen von „drüben" das slowenische Antlitz der Stadt zeigen will, indem sie Orte auflistet, die auf dem italienischen Stadtplan fehlen.

„Travnik" bedeutet „Wiese". Im Mittelalter versorgte man die Ochsen, die zum Ziehen der mit Waren beladenen Karren verwendet wurden, hier mit Futter, erinnert sich Žana. Auch Nova Gorica, die sozialistische Musterstadt, aus der sie kommt, hat so einen großflächigen Grünraum vor dem Rathaus – im Kulturhauptstadtjahr zum Symbol für Gemeinsamkeit erklärt. Sonst gibt es ja kaum etwas, das uns verbindet, denkt Žana.

Glockengeläut reißt sie aus ihren Gedanken. Žana beugt sich aus dem Fenster und erhascht einen Blick auf den Turm der Kirche zum Heiligen Ignatius, seit 1767 das dominierende Bauwerk der Stadt, wie Emilia anmerkt. Wie schön der Klang ist! Das haben wir in Nova Gorica nicht. Unsere Stadt war so modern und so jung, dass man meinte, keine Kirche zu brauchen. Erst 1982 wurde ein Gotteshaus errichtet. Ob Emilia das weiß?

Die alte Dame ist in Gedanken ganz woanders. „Die Burg da oben auf dem Felsen", erzählt sie, „die ließen die Grafen von Görz im 11. Jahrhundert erbauen. Das Leonhard Tor erinnert an den letzten von ihnen, der ohne Nachkommen starb. Die Grafen von Görz regierten bis 1500, dann übernahmen die Habsburger die Herrschaft. Am Fuße des Hügels errichteten Adelsfamilien wie die Lantieris, die Coronini-Cronbergs oder die Attems ihre Paläste.

Die Kirche des Heiligen Ignatius

Weil sie die Sprachen der verschiedenen Völker der Monarchie beherrschten, erhielten sie vom Kaiser in Wien wichtige Positionen als Diplomaten oder Politiker. Johann Baptist Coronini-Cronberg, zum Beispiel, war der Hauslehrer von Franz Joseph. Sein Palazzo ist heute ein Museum voll mit Kunstschätzen."

Žana lässt den Blick über den Platz wandern. Am Vormittag breitet sich hier Stille aus, ein Radfahrer holpert über das alte Steinpflaster und eine betagte Signora führt ihren Hund an der Leine spazieren. Wo ist die Jugend?, fragt Žana sich. In den Abendstunden ist hier sicher mehr los, denkt sie, so wie auf jeder italienischen Piazza.

„Interessierst du dich für Architektur?", reißt Emilia sie aus ihren Gedanken. „Den Brunnen dort hat Nicolò Pacassi erbaut, Maria Theresias Lieblingsbaumeister, der, der für sie Schloss Schönbrunn umgebaut hat. Was du dort auf der rechten Seite des Platzes siehst, ist der Palazzo del Governo, um 1500 errichtet von der Familie della Torre. Und gleich dahinter beginnt die Via Rastello, die älteste und eindrucksvollste Straße der Stadt mit schönen Geschäften samt holzgetäfeltem Inventar." Žana erinnert sich an die Erzählungen ihrer Mutter, die hierher mit dem Fahrrad fuhr, um Jeans und Schallplatten einzukaufen. Begehrte Waren im damaligen Jugoslawien. Heute stehen viele der Geschäfte leer. Emilia seufzt. Die Besitzer sind in Pension, die Leute kaufen im Internet. Das ist der Lauf der Dinge. „Am anderen Ende des Platzes", nimmt sie ihre Erzählung wieder auf, „führt die Via G. Carducci ins ehemalige jüdische Viertel mit der Synagoge und der Casa Ascoli, dem Geburtshaus des großen Sprachforschers Graziadio Isaia Ascoli. Doch lass mich erst

Der Palazzo Attems Petzenstein

Die erste Begegnung

Die Burg – einstiger Wohnsitz der Grafen von Görz

> Die Boulevard-Presse hätte ihre Freude gehabt an den vielen exzentrischen Royals.

Kaffee kochen, dann erzähle ich weiter!" In der Küche stehen die beiden vor dem Gasherd. „Unsere Stadt ist nicht sehr groß", erklärt Emilia und schraubt die Espressomaschine zusammen, „aber sie hat eine großartige Geschichte. Alle waren sie hier: der Papst, der Kaiser, der Thronfolger, der letzte König von Frankreich samt Hofstaat … Die Boulevard-Presse hätte ihre Freude gehabt an den vielen exzentrischen Royals. Allen voran: Charles X., der jüngere Bruder des französischen Königs Ludwig XVI., der auf der Guillotine starb. Sein ganzes Leben war Charles auf der Flucht vor der Revolution. Zuletzt hatte Kaiser Ferdinand I. ihm die Burg in Prag zur Verfügung gestellt, doch als ein großes Fest bevorstand, musste er umziehen und wählte auf Einladung von Graf Coronini-Cronberg Görz als Bleibe. Auf der Reise machte er in Niederösterreich Halt, hörte von einer Cholera-Epidemie und ergriff erneut die Flucht. Im Palazzo Strassoldo, hier bei uns, fand er Unterschlupf und residierte in Räumen, die heute als Hotel dienen. Auch die Tochter von Marie-Antoinette gehörte zu seiner Entourage. Schließlich ereilte ihn doch noch sein Schicksal: Er starb 79-jährig ausgerechnet an der Krankheit, vor der er sich hatte in Sicherheit bringen wollen."

„Ich weiß", wirft Žana ein, „er ist im Kloster Kostanjevica in Nova Gorica begraben. Wir haben mit der Schule Ausflüge dorthin gemacht, allerdings ging es da nicht um diesen Charles, sondern um das Projekt zur Rehabilitation oder Prävention von Suchtkranken, das die Klosterbrüder dort betreiben."

Die beiden setzen sich an den weißgedeckten runden Tisch vor dem Fenster. „Nimmst du Zucker?", fragt Emilia. Das Mädchen nickt und die alte Dame steht auf, holt die Porzellandose aus der Kredenz und gleich auch ein paar alte Ansichtskarten, die im Holzrahmen der Glasvitrine stecken. Über einem Foto der Piazza Grande steht in Schnörkelschrift „Grüße aus Görz".

„Es gibt unzählige solcher Grußkarten, sie sind in der Bibliote-

Die erste Begegnung

ca Statale Isontina ausgestellt", erklärt sie. „In der k. u. k. Zeit war Görz ein beliebter Urlaubsort, musst du wissen, das Nizza der Österreicher. Warum das so war, fragst du? Nun, zwar liegt Gorizia nicht direkt am Meer, aber es gab den Isonzo, an dessen Ufern man spazieren gehen oder ausreiten konnte, und die Berge, die man mit der Kutsche oder auch zu Fuß erreichte, um sich an der „herrlichen Aussicht" zu erfreuen. Schau, hier steht es: ‚„Haben den Monte Santo heute bestiegen. Was für ein Ausblick!"'

Sommerfrische unter Palmen

„Damals wurde Deutsch gesprochen?" Žana wundert sich. „Ja!", entgegnet Emilia und wundert sich ihrerseits, wie wenig die slowenische Jugend von der Geschichte weiß. Als könnte sie Gedanken lesen, meint Žana: „Wir haben in der Schule wenig über diese Epoche erfahren, mehr über die Jahre nach 1947. Unsere Stadt, das ‚neue Gorizia', sollte durch und durch modern sein und den neuen, den fortschrittlichen Geist widerspiegeln."

„Deutsch war die offizielle Sprache in den Schulen und Spitälern, in den Amtsstuben und den Kasernen", nimmt Emilia den Faden ihrer Erzählung wieder auf. „Aber auf der Straße konntest du alles hören: Italienisch, Slowenisch, Friulanisch, Deutsch, Jiddisch und auch Venezianisch."

Emilia schenkt Kaffee nach und sagt: „Um unser Gorizia zu verstehen, musst du eines wissen: Es war hier nie nur ein Nebeneinander von Kulturen, sondern es war eine einheitliche Kultur, die in den verschiedenen Sprachen ihren Ausdruck fand. Die Menschen hier lebten seit Jahrhunderten in den „hinteren Ecken", wie man die Gegend hier nannte, zusammen. Sie sahen sich in erster Linie als Goriziani, als Zugehörige der Region, und dann erst als Italiener oder Friulaner, Österreicher oder Slowenen. Die Probleme begannen erst später unter Mussolini, als nur mehr Italienisch gesprochen werden durfte und Slowenen ihre Namen ändern mussten", meint Emilia und streicht sich eine Haarsträhne aus dem Gesicht. Das viele Erzählen hat sie ermüdet. „Ich werde eine kleine Siesta halten", sagt sie, „und dann spazieren wir gemeinsam zum Corso d'Italia und essen ein Eis. D'accordo?"

Žana nickt, nimmt Platz auf dem Sofa und zieht ihr Handy aus der Tasche. Sie ruft die Seite „Let's Go! Gorizia" auf, mit allen Sehenswürdigkeiten der Stadt, und beschließt, auf eigene Faust loszugehen. Nur ein paar Schritte von Emilias Haus entfernt befindet sich der Smart Space, liest sie, ein digitaler Ausstellungsraum für Kunst, Kultur und Geschichte. Hier könne man in virtuelle Welten eintauchen und das Görz vergangener Epochen wie bei einem Computerspiel entdecken.

Bis zur Via G. Carducci sind es nur ein paar Schritte. Das Gebäude, in dem der Smart Space untergebracht ist, war früher der Monte di Pietà, das Pfandleihhaus von Görz. Hierher pilgerten die Menschen, um ihr Fahrrad, ihre Nähmaschine oder auch ihren Ehering zu versetzen, wenn das Geld knapp war. Žana stößt die schwere Tür auf. Gleich beim Betreten des Gebäudes durchfährt es sie wie ein Blitz: Das sieht hier ja aus wie in New York! Eine Dependance des Guggenheim Museums? Die großen Bildschirme mit den bewegten, farbintensiven Bildern ziehen sofort ihre Aufmerksamkeit auf sich. Der Kontrast zwischen dem modernen Design und den historischen Inhalten könnte größer nicht sein.

Wo beginnen?, denkt Žana. Bei einer Zeitreise durch die Geschichte von Gorizia von 1753, dem Jahr der Gründung des Monte di Pietà, bis 2007, als die Grenze zu Slowenien geöffnet wurde? Bei der Seidenproduktion, der Goldschmiedekunst, dem kunstvollen Korbflechten und all den anderen Handwerkskünsten, die die Stadt berühmt gemacht haben? Oder bei den Porträts der großen Persönlichkeiten, die sie einst prägten?

Sie nähert sich einem Screen, der in Lebensgröße Giuseppe della Torre, den Gründer des Pfandleihhauses, zeigt. Der stattliche Mann trägt eine blaue Seidenweste und ein Rüschenhemd, sein Gesicht ist äußerst realistisch dargestellt. Auf Knopfdruck, heißt es, würde er die Fragen des Publikums beantworten. Žana probiert es aus: Sei lo stesso della Torre che abita in un Palazzo in Piazza Grande? Bist du der gleiche della Torre, der an der Piazza Grande einen Palast bewohnt? Die Mimik des digitalen Giuseppe della Torre ist die eines echten Menschen, und auch die Stimme klingt echt: „Si sono io", sagt er. Ja, der bin ich.

Gerade als Žana zu einer weiteren Frage ansetzen will, kommt eine junge Angestellte der Fondazione auf sie zu und fragt, ob sie nicht Lust hätte, virtuell in die Vergangenheit einzutauchen, sie als versteckte Zuseherin mitzuerleben.

Žana überlegt: Emilia hält noch ihre Siesta, also warum nicht? Sie lässt sich in einen der gepolsterten bequemen Sessel sinken. Sie schiebt die 3D-Brille über ihr Gesicht, und als sie die Augen aufschlägt, befindet sie sich auf der Piazza Grande im Jahr 1898. Neben ihr unterhalten sich zwei Frauen: Die Jüngere glüht für das Königreich Italien, sie will nicht länger fremd regiert werden. Die Ältere sagt: Schau, ich bin in Ungarn geboren und lebe hier, wo ist der Unterschied?

Historische Gästezimmer im Palazzo Lantieri

Die erste Begegnung

Als Žana eine Stunde später mit Emilia durch die Via Roma geht, eine Schneise, die der Duce durch das alte Stadtgebiet hatte schlagen lassen und die als monumentale Prachtstraße fungieren sollte, fragt sie ihre Begleiterin: „Haben sich die Lebensbedingungen nach dem Untergang der Monarchie hier zum Besseren verändert?" Emilia antwortet mit einem Schulterzucken. „Ma! Heute beschäftigt sich Gorizia wieder gerne mit seiner altösterreichischen Vergangenheit", sagt sie schmunzelnd und zeigt auf ein Plakat, das die Premiere von „La Cripta dei Cappuccini di Joseph Roth" im Teatro Verdi ankündigt. „Auf Italienisch, nicht auf Deutsch!", merkt Žana an, „aber immerhin mit slowenischen und auch englischen Untertiteln."

Die beiden schlendern den Corso d'Italia entlang. Als Corso Francesco Giuseppe 1860 errichtet, ist er eine Verbindungsachse zwischen dem Südbahnhof und dem Stadtzentrum, heute ein schattiger Boulevard mit hübschen Villen, die alle um 1900 entstanden sind.

„Die hiesigen Architekten", kommentiert Emilia, „waren stark von der Wiener Secession beeinflusst. Du siehst das an den floralen Elementen an der Fassade und an den schmiedeeisernen Balkonen, die leichter und zierlicher sind als die aus Stein. Max Fabiani, der nach dem Bau der Urania in Wien am Höhepunkt seiner Karriere stand, hat Gorizia stark geprägt. Nach dem Ersten Weltkrieg war er für den Wiederaufbau verantwortlich."

Doch Žana hört nicht mehr richtig zu. Am Gehweg vor der Villa auf Nummer 178 hat sie eine Plakette entdeckt und liest: Anna Paola Luzzatto wurde am 19. Dezember 1864 in Gorizia geboren und am 7. Dezember 1943 in das KZ Auschwitz deportiert. Stolpersteine, denkt sie, die gibt es bei uns nicht. Unsere Stadt wurde erst 1947 errichtet. Dafür säumen die Hauptallee Büsten und Standbilder von Männern, die das Land vom Faschismus befreit haben. Ein schweres Erbe! Überall, da wie dort, Hinweise auf die Geschichte. Wir können uns dem nicht entziehen, auch wenn wir es gerne möchten.

„Schau", unterbricht Emilia ihre Gedanken, „dort drüben weht die slowenische Fahne, und im Garten steht ein Auto mit dem Kennzeichen von Nova Gorica." Auch das, merkt sie an, ist eine der neueren Entwicklungen: Immer mehr Familien siedeln sich in Gorizia an, weil bei euch die Immobilien teurer sind und es bei uns viele leerstehende Wohnungen und Häuser gibt. Sie werden Slowenen mit italienischem Pass, ganz wie früher! Emilia lacht. „Fast wäre unsere Stadt ausgestorben, doch jetzt sieht es so aus, als würde ‚Go! Borderless', der Slogan der Kulturhauptstadt, tatsächlich funktionieren."

Žana blickt auf ihr Handy. Es ist spät geworden. Sie greift nach ihrem E-Scooter, umarmt Emilia und flitzt Richtung Bahnhof. Bald schon wird sie im Shuttlebus sitzen, der sie nach Nova Gorica bringt. Doch sie wird wiederkommen, so viel jedenfalls steht fest.

> Stolpersteine, denkt sie, die gibt es bei uns nicht.

# Gorizia entdecken

### Gorizia Infopoint

Orientierungshilfe für Neuankömmlinge, die hier sämtliche Infos zu geführten Touren, Veranstaltungen, Ausflügen etc. erhalten.

Corso Italia 9

www.turismofvg.it/de

### Let's go, Gorizia!

Aktuelle Informationen zu Shopping, Gastronomie, Events und Services

www.letsgo.gorizia.it/de/

### Mit dem Bus von Gorizia nach Nova Gorica und retour

Zwischen den Bahnhöfen Nova Gorica und Gorizia Centrale verkehrt tagsüber ein Bus. Fahrtzeit ca. 20 Minuten.

www.aptgorizia.it
www.nomago.si

### Unterwegs mit dem Rad
siehe auch S. 110

City-bikes können in Gorizia und Nova Gorica ausgeliehen und zurückgestellt werden. Go2Go-Dockingstationen gibt es an der Piazza Vittoria, der Via Diaz in der Nähe des Verdi-Theaters und am Bahnhof Gorizia Centrale.

www.go2go.si
www.nomago.si/de/fahrradverleih

### Via Rastello

Historische Einkaufsstraße, einst stark frequentiert von einer modebewussten Klientel diesseits und jenseits der Grenze. Heute im Begriff, sich neu zu erfinden, mit Working Spaces und Kulturinitiativen.

Die besten Adressen in Gorizia

## Palazzo Strassoldo

Zufluchtsort des letzten französischen Königs Charles X., der hier samt Gefolge einige Zeit lang wohnte. Anfang der 2000er Jahre Renovierung und Eröffnung als Hotel.

Piazza S. Antonio 2

www.hotelentourage.it/de

## Fondazione Palazzo Coronini Cronberg

Prächtiges Renaissance-Ensemble mit Park, lange Zeit Wohnsitz der Familie, die das Anwesen in den 1990ern in ein Museum umwandelte. Faszinierend u. a. die Sammlung von Charakterköpfen des Bildhauers Franz Xaver Messerschmidt.

Via Coronini 1

www.coronini.it

## Palazzo Lantieri

Seit mehr als 500 Jahren leben die Lantieris in ihrem Palazzo. Fünf historische Gästezimmer stehen zur Verfügung. Auf Anfrage führt die Contessa persönlich durch die Räume, sie organisiert auch Weinverkostungen, Galadiners, Hochzeiten und Taufen.

Piazza S. Antonio 6

www.palazzo-lantieri.com

## Musei Provinciali Palazzo Attems-Petzenstein

Eines der elegantesten Gebäude der Stadt, errichtet von Nicolò Pacassi, der für Kaiserin Maria Theresia Schloss Schönbrunn umbaute. Heute im Besitz der Regionalverwaltung, dient der Palazzo als Museum mit Schwerpunkt Malerei vom 18. Jahrhundert bis zur Moderne.

Piazza Edmondo de Amicis 2

www.musei.regione.fvg.it

Historische Gartenanlage im Palazzo des Grafen Coronini Cronberg

## Ai confini dell'Impero

Privat geführte Pension im Erdgeschoss des Palazzo Luzzatto, eines Wohnhauses, das Ende des 19. Jahrhunderts im Stil der Secession erbaut wurde.

Corso Italia 178

www.aiconfinidellimpero.com

## Chef's Room 1848

Der Name bezieht sich auf das Jahr, als hier zum ersten Mal eine Taverne eröffnet wurde. Die heutigen Besitzer sehen im Erhalt des Hauses und in den geschmackvoll eingerichteten Gästezimmern eine Hommage an die Geschichte der Stadt, die sie ihren Gästen vermitteln möchten.

Via Rastello 62

www.milleottcentoquarantotto.it

## Ristorante „Rosenbar"

Gäbe es die „Rosenbar" nicht, müsste man sie erfinden. Ein sympathisches Lokal im Retro-Stil, wo mit Liebe gekocht wird – mediterran mit mitteleuropäischen Akzenten und unter Berücksichtigung der lokalen Spezialitäten wie etwa der „Rose von Gorizia", eines Radicchio, der im Dezember und Jänner Saison hat.

Via Duca d'Aosta 96

www.rosenbar.it

## Alla Luna

Alteingesessene Trattoria mit Beisl-Atmosphäre und Kellnerinnen im Dirndl.

Via Guglielmo Oberdan 13

www.trattoriaallaluna.com

## Cidin Eddo

Die beste Konditorei Gorizias, höchste Qualität, delikate Produkte, hohe Professionalität. Zur Auswahl stehen: Panettone zu Weihnachten, Frittole im Fasching und das ganze Jahr über „Kugelhupf", Strudel di mele und Sachertorte.

Via Guglielmo Marconi 6

## Gelateria La Girandola

Die Bezeichnung „Gelateria Artigianale" verrät, dass alle Zutaten – Nüsse, Früchte, Kaffee – aus der Region stammen und vor Ort verarbeitet werden. Das schmeckt man!

Corso Italia 76 und Corso Giuseppe Verdi 83

www.lagirandola.com

## Smart Space

Eine digitale, immersive Ausstellung in der Fondazione Cassa di Risparmio di Gorizia, die Besucherinnen und Besuchern Kunst, Geschichte und wichtige Themen rund um Gorizia näherbringt.

Via Carducci 2

www.fondazionecarigo.it/smartspace

Im Stadtteil Solkan spannt sich die berühmte Steinbogenbrücke über die smaragdgrüne Soča

Die erste Begegnung

Die erste Begegnung

# Der Philosoph, der ein Künstler war

**Das Rätsel um Carlo Michelstaedter, den berühmtesten Sohn der Stadt, und das Wunder eines wiedergefundenen Koffers.**

Dieser junge Mann ist nicht zu übersehen. Man trifft ihn zu jeder Tages- und Nachtzeit an der Ecke Via Rastello und Via D'Annunzio an, dort, wo die kleine Straße zur Burg hinaufführt. Eine zufällige Begegnung mit einem, der an einem Sommertag durch die Stadt flaniert. Oder aus einem der Geschäfte unter den Arkaden kommt. Als wäre er im Gehen aufgehalten worden, bevor er einen Schritt vor den nächsten setzen konnte, so steht er da, lässig einen Strohhut in der Hand haltend, einen Florentinerhut, mit breiter Krempe und schwarzem Ripsband, wie die Gondoliere ihn tragen.

Offenbar ist ihm heiß, er hat seine Anzugjacke aufgeknöpft, aber nicht unerträglich heiß, denn das Seidentuch, das er an Stelle einer Krawatte trägt, ist sorgfältig zur Masche gebunden.

Carlo Michelstaedter stammt eindeutig aus einer anderen Zeit. Doch er weilt weiter unter uns. Wenn wir Gorizia erkunden, spüren wir seine Gegenwart nicht nur an der Straßenecke, an der ihm die Stadtgemeinde anlässlich der Feierlichkeiten zu seinem 100. Todestag im Jahr 2010 ein lebensgroßes Denkmal errichten ließ.

Sein Selbstbild war das eines Künstlers, eines Malers, doch er ging als Philosoph in die Geschichte ein. Gorizia ehrt ihn als den berühmtesten Sohn der Stadt, viele italienische Intellektuelle beziehen sich auf ihn. Er wurde zur Legende. Wie Jim Morrison oder Amy Winehouse umgibt ihn die Aura des zu früh aus dem Leben Geschiedenen. Sein tragischer Tod wirft bis heute Fragen auf.

Wer war Carlo Michelstaedter? Ein Doktor Faust ohne Pakt mit dem Teufel? Ein unglücklich Liebender? Ein aufbegehrender Jugendlicher? Sein Freitod wird oft als Reaktion auf einen Streit mit der Mutter dargestellt, die ihm vorgeworfen hatte, ihren Geburtstag vergessen zu haben. Kann eine derartige Lappalie Anlass zu einer solchen Verzweiflungstat sein? Schwer vorstellbar. Doch

Gorizias Hauptplatz mit dem Neptunbrunnen

Der Philosoph, der ein Künstler war

welche Motive waren dann im Spiel? Zunächst sieht alles so aus, als meinte das Leben es gut mit Carlo. Er kommt als viertes Kind einer angesehenen jüdischen Familie 1887 zur Welt. Sein Elternhaus befindet sich auf der Piazza Grande mitten im Zentrum von Görz, einer Kleinstadt, in der die ganze Welt zu Hause ist. In den Straßen hört man Slowenisch, Italienisch, Deutsch, Jiddisch, Friulanisch und Venezianisch-Triestinisch. In der Familie unterhält man sich auf Italienisch, der Sprache des assimilierten Judentums. Von seinen drei Geschwistern ist Paula ihm die liebste. Als sie klein waren, hatten sie angrenzende Zimmer, ließen die Türen offenstehen und flüsterten nachts vor dem Einschlafen miteinander.

Carlo besucht das kaiserlich-königliche Staatsgymnasium – heute Sitz der Biblioteca Statale Isontina und der Stiftung Carlo Michelstaedter, die eine bedeutende Sammlung seiner Zeichnungen, Gemälde, Briefe und Manuskripte aufbewahrt.

Seine Mitschüler heißen Josip Peternel, Luigi Seppenhofer, Stane Jarc. Die wenigsten sprechen zu Hause Deutsch, im Unterricht werden sie jedoch darauf getrimmt, das Altgriechische in die Sprache Goethes und Schillers zu übersetzen. Der Schriftsteller Claudio Magris sieht darin den Grund für die spätere Hinwendung Michelstaedters zur Philosophie.

Aus der anonymen Masse der Schülerinnen und Schüler sticht bald schon ein Dreigestirn hervor: Enrico „Rico" Mreule, Nino Paternolli und Carlo Michelstaedter. Nach dem Unterricht schlendern die drei zu Fuß zur Casa Paternolli und klettern hinauf in die Mansarde, ihren Rückzugsort.

Historische Geschäfte in der Via Rastello

Sie erzählen sich die Ereignisse des Tages auf Lateinisch und lesen Homer im Original. Der grimmige Philosoph Arthur Schopenhauer blickt vom Bücherbrett, wo sein Porträt steht, auf sie herab. Auch seine Werke werden gelesen, natürlich im Original, auf Deutsch. Keine alltägliche Beschäftigung für Jugendliche, doch sie hielt die drei nicht davon ab, an die Ufer des Isonzo schwimmen zu gehen, den St. Valentin zu besteigen oder Tanzveranstaltungen zu besuchen. Carlos Zeichnungen legen davon Zeugnis ab. Er fertigt Skizzen an von Familienangehörigen, Professoren, Badenden, Fischern, gewöhnlichen Menschen im Alltag und überzeichnet sie mit einer Schärfe, die an Henri Toulouse-Lautrec erinnert.

Im Jahr 1905 legt Carlo die Reifeprüfung ab und geht nach Wien, um Mathematik zu studieren, wie sein Vater es wünscht, doch bald schon kehrt er der k. u. k. Residenzstadt den Rücken zu und wählt Florenz als Aufenthaltsort. Er inskribiert sich für Altphilologie, freundet sich mit vielen Studienkollegen an, zeichnet und schreibt.

Eine Fotografie, aufgenommen im Boboli-Garten in Florenz, zeigt ihn an der Seite seines Freundes Gaetano Chiavacci selbstbewusst und unbeschwert, jedenfalls fehlt jener schwermütige, gedankenschwere Ausdruck, der seine späteren Selbstporträts, wie etwa das „Autoritratto tenebroso", auszeichnet. Der Bildhauer, der das bronzene Standbild im Herzen Gorizias schuf, hat genau dieses Foto als Vorlage gewählt, hat Carlo in ebendieser legeren Pose festgehalten.

Doch wer heute vor seinem bronzenen Ebenbild steht, fragt sich, was dann geschah. Was veranlasste einen talentierten jungen Mann dazu, sich eine Kugel in den Kopf zu jagen, just an dem Tag, als er seine Dissertation abgeschlossen hatte und ein neuer Lebensabschnitt für ihn beginnen sollte?

Nichts von den tragischen Vorfällen des 17. Oktober 1910 kündigt sich in jenem Sommer an, als Carlo im Boboli-Garten in Florenz spazieren geht. Irgendwo in dem Gewirr der engen Gassen wartet seine Gefährtin Nadja auf ihn, er würde sie italienische Vokabeln prüfen und sie würden den Abend oder vielleicht auch die Nacht gemeinsam verbringen. Nadja Baradan, so ihr voller Name, stammte aus Russland und war in Florenz, um Malerei zu studieren. Carlo gab ihr Italienischunterricht. Mit ihrem Eintritt in sein Leben klopfte erstmals der Tod an seine Tür. Sie nahm sich, während er sich über Ostern bei den Eltern aufhielt, im April 1907 auf der Piazza Vittorio Emanuele mitten in Florenz das Leben und erhob in einem Brief den Vorwurf gegen ihn, er habe ihre Freundschaft nicht respektiert.

Wie Nadja sind alle Frauen, in die Carlo sich verliebt, starke Persönlichkeiten. Buchstabenmenschen, wie er sie nennt. Jolanda De Blasi, eine Studienkollegin und in späteren Jahren eine angesehene Schriftstellerin, hätte er gern geheiratet, doch die Eltern legen sich quer, weil Jolanda Katholikin ist. Carlo muss jeglichen Kontakt zu ihr abbrechen. Auch das ein schmerzlicher Verlust. Im darauffol-

Carlo Michelstaedter, berühmtester Sohn der Stadt

genden Sommer verbringt er ein paar Tage mit seiner Schwester Paula und deren Freundin Argia Cassini am Meer in Piran. Argia spielt für ihn Beethoven und er widmet ihr zahlreiche Gedichte („A senia").

Carlos innere Unruhe wächst. Sie veranlasst ihn, immer tiefer über die großen Themen der Existenz nachzudenken, jene Themen, die für den Rest des Jahrhunderts im Mittelpunkt der europäischen Philosophie stehen werden. Auch ist der Zeitpunkt gekommen, seine Dissertation in Angriff zu nehmen, und er wählt – ausgehend von Sokrates und Platon – das Thema „Überzeugung und Rhetorik".

Dann überstürzen sich die Ereignisse. Das Jahr 1909, das letzte vor seinem Tod, ist gekennzeichnet von der Rückkehr nach Görz, der Arbeit an der Dissertation, dem regen Austausch mit den Freunden Nino und Rico, die er in „Dialogo della salute" (dt. „Dialog über die Gesundheit") als Protagonisten auftreten lässt. Es entstehen zahlreiche Gedichte, die er Argia Cassini, seiner letzten Liebe, widmet.

Im Februar 1909 ereilt Carlo aus New York die Nachricht vom Tod seines zehn Jahre älteren Bruders. Er sei von einem Gerüst gefallen, hieß es, doch ein Selbstmord wurde nicht ausgeschlossen. Wieder ein einschneidendes, traumatisierendes Erlebnis. Als die Asche des Bruders in der Heimat eintrifft, erschafft Carlo eigenhändig am jüdischen Friedhof von Rožna Dolina ein Grabmal für ihn.

Im Oktober darauf schifft Enrico Mreule sich nach Südamerika ein. Im Moment des Abschieds übergibt er seinen Revolver an Carlo. Hier gehen die von den Biografen geäußerten Vermutungen auseinander. Zwei Versionen werden erzählt: Die eine besagt, Rico hätte die Pistole an Carlo übergeben, weil er sie nicht mit an Bord nehmen durfte, die andere legt nahe, Carlo hätte Rico gebeten, ihm die Waffe anzuvertrauen, sie ihm zu überlassen. Ob er damals schon daran gedacht hatte, sie in Gebrauch zu nehmen, bleibt offen.

Zur nicht bewältigten Trauer um den verstorbenen Bruder gesellt sich eine zunehmende Vereinsamung bei der Vollendung seiner Dissertation – außer den Eltern bekam er nur noch seinen Cousin Emilio, seine Schwester Paula sowie gelegentlich Argia Cassini zu sehen.

Carlo arbeitet tage- und wochenlang fieberhaft, eingesperrt auf dem Dachboden seines Elternhauses. In hitzigem und dramatischem Ton abgefasst, liegt sein Werk schließlich vor ihm auf dem Tisch. Eine schonungslose Auseinandersetzung mit der Gesellschaft, eine kulturpessimistische Anklage, die ignoriert, was junge Menschen unbedingt wissen wollen: Welchen Sinn geben wir unserer Existenz? Woran können wir uns festhalten, wenn alles, einfach alles zum Verkauf steht: Wissen, Gesundheit, Gefühle, Erwartungen?

Die Versicherungsanstalt, wo Carlos Vater tätig war

Noch am selben Tag wird das handgeschriebene, an die Universität in Florenz adressierte Manuskript zur Post getragen. Vielleicht von Carlo persönlich oder von seinem Cousin Emilio. Es ist ein wunderschöner, sonniger Herbsttag. Ein Samstag. Der Geburtstag der Mutter. Ein Hauch milder Luft hängt über der Stadt. Von der nahegelegenen Kirche Sant'Ignazio ertönen die Glocken, die zwei Uhr Nachmittag ankündigen. Die Pistole liegt in der Lade. Dann fällt der Schuss.

Carlo Michelstaedter wird heute als Genie gefeiert, als Vorläufer Heideggers in der Philosophie, Wittgensteins in der Sprachkritik und Derridas in der Hermeneutik. Seine These, unsere Zivilisation beruhe seit 2000 Jahren auf Rhetorik, das heißt, auf der Verdeckung der Realität durch Worte, trifft ins Schwarze. Laufend erscheinen Übersetzungen seiner Werke überall auf der Welt. Und das, obwohl sie voller altgriechischer Zitate sind und nicht gerade leicht zu lesen. Die Fachliteratur zu Michelstaedter umfasst rund vierzig Titel. Immer neue Biografien kommen auf den Markt, in drei Romanen ist Carlo Michelstaedter bisher die Hauptfigur. Buchpräsentationen, Kolloquien, Ausstellungen, Lesungen und ein lebensgroßes Denkmal zelebrierten 2010 sein Andenken.

Kaum war die Welle der Veranstaltungen zum 100. Todestag abgeebbt, erschien in der Presse ein Artikel, der Furore machte und ein neues Kapitel der Causa Michelstaedter eröffnete. In einem Triestiner Antiquariat war ein Reisekoffer mit Büchern aus dem Besitz der Familie Michelstaedter gefunden worden, mit einer handschriftlichen Notiz von Elda, der älteren Schwester Carlos. „Sorgfältig aufzubewahren und falls notwendig meiner Schwester Paula zu übergeben.", stand auf dem Zettel. Die Bücher, die im Hause Michelstaedter etwas Heiliges gewesen waren, gab es noch, sie waren wie durch ein Wunder den Hausdurchsuchungen der SS entgangen, niemand wusste von ihrer Existenz. 75 Jahre lang in irgendeinem Winkel der Stadt Görz verborgen, erzählen sie auf ihre Art die Geschichte des Holocaust.

Wir gehen zurück in das Jahr 1943. Es ist der 17. Oktober, der Jahrestag von Carlos Selbstmord. Am Tag zuvor hatte es im Ghetto von Rom einen „Schwarzen Samstag" gegeben, mit Verhaftungen und Deportationen durch die SS.

Grabstein des Philosophen am Friedhof von Rožna Dolina

Carlo Michelstaedter wird heute als Genie gefeiert, als Vorläufer Heideggers.

Das Haus Michelstaedter an der Piazza Grande, die nun Piazza Vittoria heißt, liegt vereinsamt da, wie ausgestorben, der Vater schon lange nicht mehr am Leben, Paula 1941 in die Schweiz emigriert, nur Carlos Mutter und seine Schwester Elda harren wie versteinert noch aus.

Elda, damals 64 Jahre alt, erkennt, dass die Bedrohung durch den Nationalsozialismus böse Realität geworden ist und nimmt eins nach dem anderen die Bücher, die ihrem Vater und ihrem Bruder gehört hatten, zur Hand, erstellt eine Inventarliste und verfasst die Bitte, alles aufzubewahren und im Extremfall der im Exil lebenden Schwester zu übergeben, auf einem Zettel. Franca Bertoldi, eine Bekannte, erklärt sich bereit, die Truhe aufzubewahren.

Der Extremfall tritt ein: Elda und ihre 89 Jahre alte Mutter werden im Dezember 1943 nach Auschwitz deportiert, von wo sie nie zurückkehren. Carlos Schwester Paula, an die die Bücher hätten übergeben werden sollen, hat von diesem wertvollen Nachlass nie erfahren. Als sie nach dem Krieg aus der Schweiz nach Görz zurückkehrt, fehlt von ihrer Familie jegliche Spur.

Die Reisetruhe – heute in der Biblioteca Statale Isontina aufbewahrt – gab erneut Anlass zu einer Reihe von Publikationen. Und warf neue Fragen auf. Wie kommt es, dass von den 200 auf Eldas Liste vermerkten Bänden einige fehlen? Unter den 56 Büchern aus Carlos Besitz sollen sich Werke von Schopenhauer, Tolstoi und Freud befunden haben. Wohin sind sie verschwunden? Dieses unvollendete Kapitel der Familiengeschichte verlangt geradezu nach einer Fortsetzung. Der Schlusspunkt in der Saga Michelstaedter ist noch lange nicht gesetzt, das letzte Wort noch nicht gesprochen, weitere Enthüllungen könnten folgen.

Die Bronzefigur des jungen Mannes an der Ecke Via Rastello und Via d'Annunzio jedenfalls scheint für die Ewigkeit geschaffen. Sie zieht Bewunderer genauso wie Neugierige in ihren Bann und gilt als Gorizias beliebtester Selfie-Spot. Eines Tages raubten übermütige Jugendliche Carlo seinen Hut, doch zwei Tage später wurde er zurückgebracht. Zu groß war das Sakrileg!

# Wege des philosophischen Künstlers

**Geburtshaus**

Das Haus, in dem Carlo Michelstaedter 1887 zur Welt kam, wurde im Ersten Weltkrieg stark beschädigt und danach renoviert. Was damit in Zukunft geschehen soll, ist noch ungewiss.

Piazza della Vittoria 8

**Casa Paternolli**

Auf der gegenüberliegenden Seite des Platzes, auf Nr. 49, befand sich die Buchhandlung der Familie Paternolli mit dem Dachboden, wo Carlo und seine Freunde sich nach der Schule immer trafen. Nach der Renovierung im Jahr 2024 soll das Haus zu einem Studentenheim oder einem Kulturzentrum werden.

Piazza della Vittoria 49

**Biblioteca Statale Isontina**

Im ehemaligen k. u. k. Staatsgymnasium wird heute der Michelstaedter-Fonds aufbewahrt, der Manuskripte, Publikationen und Dokumente umfasst.

Via Goffredo Mameli 12

www.isontina.beniculturali.it

## Sinagoga Ebraica
Infos & Adresse siehe S. 37

Im Museum der Synagoge ist Carlo Michelstaedters bildnerischem und grafischem Werk ein eigener Raum gewidmet.

## Jüdischer Friedhof von Rožna Dolina/ Val di Rose
Info & Adresse siehe S. 39

Heute am Rande von Nova Gorica gelegen, zeugt dieser vergessene Ort von der starken jüdischen Präsenz in der Region. Carlos Grab ist leicht zu finden. Man erkennt es an den kleinen Steinchen, die Besucherinnen und Besucher zurückgelassen haben.

## Carlo Michelstaedter als Romanfigur

Claudio Magris:
Ein anderes Meer, dtv, München 2009

Egyd Gstättner:
Der Mensch kann nicht fliegen, Picus, Wien 2008

Sergio Campailla:
Un'eterna giovinezza, Vita e mito di Carlo Michelstaedter, Marsilio Editori, Venedig 2019

Das ehemalige k.u.k Gymnasium von Görz, heute Hort der Erinnerung

# „Little Jerusalem am Isonzo"

Gorizia war einst Zentrum einer blühenden jüdischen Gemeinde. Die restaurierte Synagoge zeugt von dieser vergangenen Zeit.

Ein Spaziergang durch die Via Ascoli an einem Montagmorgen im Januar. Kaum Passanten. Vor einem einstöckigen Gebäude mit Davidstern eine Gruppe Jugendlicher. In ihrer Mitte ein kleiner Mann, dem alle schweigend zuhören. Kein Gekicher, keine verstohlenen Blicke aufs Handy. Jetzt zeigt der Mann auf einen kleinen, etwa acht Zentimeter langen Spalt im Mauerwerk neben dem Eingang. Man könnte ihn leicht übersehen, diesen Hohlraum, der eigentlich aus nichts als Luft besteht und doch ein Monument, ein Denkmal darstellt.

Die Synagoge – seit 1756 Zeugnis jüdischen Lebens in der Stadt

Ohne dass etwas an ihm verändert wurde, existiert der Spalt genauso lange wie die Synagoge selbst, also seit 1756. Er enthielt ursprünglich die Mesusa, eine Pergamentrolle mit einem Gebet, die beim Eintreten und Verlassen des Hauses berührt wurde, um von Gott Schutz zu erbitten.

Einen Vormittag lang hat Lorenzo Drascek, der Kustos, eine verschwundene Welt vor den Augen der Schülerinnen und Schüler wieder aufleben lassen. Als die Exkursion zu Ende geht und er sich anschickt, das Tor zu schließen, tritt eine Fremde an ihn heran. Ob sie einen kurzen Blick ins Innere werfen dürfe, fragt sie. Dass Besichtigungen nur auf Anmeldung möglich sind und es außerdem Mittagszeit ist und er eigentlich schon fort sein sollte, blendet der Mann aus. Die Fremde wird hereingebeten.

Sie hat in ihrem Leben noch nicht viele Synagogen betreten, aber sieht sofort: Diese hier ist besonders, schön und schlicht. In der Weite des Raumes wirkt der Thoraschrein fast filigran, die barocke Pracht will nicht blenden. Es fehlt das Gold. Es fehlt die Opulenz, das Streben nach Machtentfaltung. Aus Holz, Marmor und Stein wurde von Menschenhand etwas geschaffen, das dem menschlichen Maß entspricht. Die „barocke Einfachheit" gipfelt im Zusammenspiel gerader Linien und geometrischer Formen. Es fehlt auch jegliche bildhafte Darstellung, an ihre Stelle tritt die Symbolik.

Alles ist gen Osten ausgerichtet, bemerkt die Besucherin. Die Gemeinde blickte in Richtung Jerusalem. Dahin, wo ehemals der Tempel stand, das Zentrum des jüdischen Glaubens. Die fünf Fenster, erkennt die Fremde, symbolisieren das Pentateuch, die fünf Bücher Mose. Nach jüdischem Glauben wurden sie Moses am Berg Sinai von Gott übergeben. Sie enthalten die Gesamtheit aller 613 für das Judentum verbindlichen göttlichen Gebote und Verbote. Zwei weitere Fenster fungieren als Tribut an die Bewohner Israels, die symbolisch anwesend sind, liest sie in einer Broschüre, die Besucher vor ihr offenbar zurückgelassen haben.

Kunstvoll verziert – das Eingangstor zum ehemaligen Ghetto

> Kein Lärm, kein Geräusch dringt von draußen durch die dicken Mauern hindurch.

Der Raum ist hoch, das Licht fällt von der Fensterreihe im Obergeschoß auf den Marmorfußboden und erzeugt eine Reflexion, die den Schein der Kerzen in den großen, am Boden stehenden Kandelabern noch verstärkt haben muss. In den Abendstunden erhellten die an der Decke angebrachten schmiedeeisernen Kronleuchter zusätzlich den Gebetsraum. Sie sind jetzt elektrifiziert, aber ursprünglich flackerten wohl auch hier unzählige Kerzen.

Die Holzbänke an der Längsseite waren den Männern vorbehalten. Über ihnen, auf dem Balkon, überlegt die Fremde, haben wohl die Frauen Platz genommen. Die im Halbrund angelegte Galerie zieren kunstvolle Holzschnitzereien, und die hölzerne Balustrade muss wie ein Vorhang gewirkt haben, hinter dem die weiblichen Gestalten nur in Umrissen zu erkennen waren.

Ob auch Carolina Luzzatto oben auf der Empore ihren angestammten Platz hatte? Die Journalistin gehört zu den Berühmtheiten der Stadt, so viel ist allseits bekannt. Zu einer Zeit, als von Mädchen erwartet wurde, nur Ehefrauen oder Mütter zu sein, exponierte sie sich als erste weibliche Herausgeberin italienischsprachiger Zeitungen. Sie war glühende Patriotin und trat vehement für „ihr Land" ein. Mitten im Ersten Weltkrieg, als Italien und Österreich-Ungarn sich mit einem Mal feindlich gegenüberstanden, wurde sie verhaftet und trotz ihres hohen Alters – Carolina war damals 78 – im niederösterreichischen Göllersdorf interniert.

Kein Gehupe oder Mopedgeräusch dringt durch die dicken Mauern hindurch. Die Fremde lässt den Blick um sich wandern. Es braucht für sie nicht viel, sich vorzustellen, wie es damals war, als der Klang der Stimmen, der monotone Singsang der Gebete den Raum erfüllten. Sie blättert weiter in der Broschüre, die ihr zufällig in die Hände gefallen ist. Die 1756 errichtete Synagoge von Görz, liest sie, ist der sephardischen Scola Spagnola in Venedig nachempfunden. Das erklärt, warum sie so anders ist als die Synagogen, die sie aus Österreich, Polen oder Mähren kennt.

Sepharden und Aschkenasi – die einen wanderten aus dem spanischen Raum ein, die anderen aus Mitteleuropa. Die jüdische Bevölkerung von Görz gehörte der aschkenasischen Gruppe an, steht zu lesen, ihre Sprache war das Jiddische, das sich aus dem Mittelhochdeutschen entwickelte und hebräische sowie slawische Elemente enthält.

Das schöne schmiedeeiserne Tor neben dem Eingang stammt aus der Zeit Kaiser Leopolds I. Es markierte den Eingang zum Ghetto, das unter seiner Herrschaft errichtet wurde. 100 Jahre später erließ Josef II. 1782 ein Dekret zur Emanzipation der Juden, das jedoch aufgrund des Widerstandes der christlichen Autoritäten nur langsam umgesetzt wurde. Als Napoleon Görz eroberte, verfügte er 1797 die Aufhebung des Ghettos. Im Jahr 1812 entfernte man – bis auf eines – alle Tore.

Die Besucherin ist nun ganz in die Lektüre vertieft. Zu Beginn des 20. Jahrhunderts, liest sie, hatte Görz 7.000 Einwohner, davon bekannten sich 300 zum Judentum. Die jüdische Bevölkerung der

Stadt war in verschiedenen Geschäftszweigen tätig: von der Textilproduktion über das Spinnen von Seide bis hin zur Herstellung von Wachs. Einige wie die Morpurgos und Pincherles betätigten sich im Kreditgeschäft und traten für den österreichischen Hof als Financiers auf.

So klein die Stadt war, hatte sie doch große Bedeutung als Brücke zwischen dem Habsburgerreich und der Republik Venedig. Vom 17. bis zum Beginn des 20. Jahrhunderts spielte sich ein wichtiger Teil der Geschichte des europäischen Judentums hier ab, und es fällt nicht schwer, sich in diese Zeit der Hochblüte zurückzuversetzen.

Doch was letztlich den Ruhm der Gemeinde ausmachte, waren Gelehrte wie Graziadio Isaia Ascoli. War sie am Weg zur Synagoge nicht an seinem Haus vorbeigekommen?, fragt sich die Fremde.

Trotzt der Verwitterung – Grabstein am Friedhof von Rožna Dolina

Ascoli befasste sich mit vergleichender Linguistik, war auf der Gedenktafel zu lesen gewesen. Ihm verdankt die Nachwelt zahlreiche Beiträge zur besseren Veranschaulichung der Sprachgeschichte der Regionen an der oberen Adria. Unter anderem lieferte er 1873 in „Saggi ladini" (dt. Ladinische Aufsätze) eine grundlegende Beschreibung des Friulanischen. Immer wieder widmete er sich in seinen Studien der spezifischen Situation von Görz und seinem Umland – der einzigen Region in ganz Europa, in der historisch gesehen Italienisch, Slowenisch, Friulanisch und Deutsch gesprochen wurde und wo bis zum Ende des Ersten Weltkriegs verschiedene Bevölkerungsgruppen, darunter auch Juden, nebeneinander existierten und gut zusammenlebten. Seine Mitbürger, wird berichtet, bezeichnete er bereits 1883 nicht als „Österreicher", sondern als „Europäer".

# Wann wurde hier zuletzt ein Gottesdienst abgehalten, fragt die Fremde sich.

Ein Standpunkt, der für damalige Zeiten sehr modern war, ihn aber nicht davon abhielt, ein glühender italienischer Patriot zu sein. So wie übrigens viele andere assimilierte Jüdinnen und Juden in Görz. Alberto, der Vater des Philosophen Carlo Michelstaedter, wird in diesem Zusammenhang immer wieder genannt. Er gehörte zu jenen Juden, bei denen die endgültige Emanzipation zu einer Abkehr von den strengen religiösen Einstellungen geführt hat. Ob er jemals die Synagoge besucht hat?, überlegt die Fremde. Vielleicht zu Rosch ha-Schana, Pessah, Yom Kippur. Aber sicher nicht zum täglichen Gebet.

Dieser belesene, wohlsituierte Alberto Michelstaedter kann stellvertretend für viele Mitglieder der jüdischen Gemeinde gesehen werden. Er fühlte sich im vorherrschenden sozialen und kulturellen Kontext voll integriert. Für ihn bestand kein Zweifel: Er vertrat die italienischsprachige Kultur, identifizierte sich mit ihr, war ein sehr aktives Mitglied verschiedener Clubs und Vereinigungen. Er zeichnete sich als Vortragender für Festreden aller Art aus. Alberto war es auch, der 1907 die Ansprache zum Tod von Graziadio Isaia Ascoli hielt. Die Fremde legt die Broschüre nun zur Seite.

Wann wurde hier zuletzt ein Gottesdienst abgehalten? Diese Frage geht ihr plötzlich durch den Kopf. Es muss vor dem 12. September 1943 gewesen sein, rechnet sie nach. An diesem Tag marschierten die Deutschen in Görz ein. Und während der Nacht des 23. auf den 24. November 1943 führten sie eine brutale Razzia gegen die Görzer Juden durch. Alberto Michelstaedter war damals schon nicht mehr am Leben, aber seine Frau und seine Tochter wurden verhaftet, ins Gefängnis von Görz verschleppt, später in das von Triest. Am 7. Dezember 1943 erfolgte die Deportation. Emma Luzzatto Michelstaedter überlebte sie nicht, bei der Ankunft des Transportes war die 89-Jährige bereits tot. Auch ihre Tochter Elda Michelstaedter Morpurgo sollte aus Auschwitz nie mehr zurückkehren.

In einer der Gassen in der Nähe ihres Hotels war der Fremden ein Stolperstein aufgefallen. Er funkelt wie ein Goldstück, ausgestreut am Gehsteig vor der Villa, die Elda mit ihrem Mann bewohnt hatte. Silvio Morpurgo war Arzt gewesen und berühmt dafür, dass er von bedürftigen Kranken keine Honorare annahm. Nach der Verabschiedung der Rassengesetze 1938 konnte er nicht mehr praktizieren, er starb – so heißt es – drei Jahre später an gebrochenem Herzen. Von Elda sind zwei Porträts erhalten, die ihr Bruder Carlo von ihr anfertigte – eines in Öl, das sie fast in Trauer zeigt, mit rabenschwarzem Haar, dicken Augenbrauen, schwarzen Augenringen, und eines in Aquarell. Ein viel später aufgenommenes Foto zeigt sie träumend, abgemagert und im Zangengriff der Angst.

Nur zwei Mitglieder der jüdischen Gemeinde überlebten den Holocaust und kehrten nach Kriegsende zurück in die Stadt. Die Synagoge wurde geschlossen. Seit 1969 ist sie ein Teil der jüdischen Gemeinde von Triest. Gegenwärtig dient sie nur mehr dem Bewahren der Erinnerung.

Ein Klopfen lässt sich vernehmen. Lorenzo Drascek, Hüter dieses Ortes, steht plötzlich im Torbogen. Es ist Zeit aufzubrechen. Auf die Bitte der Fremden hin beschreibt er ihr den Weg zum Friedhof von Val di Rose (slow. Rožna Dolina), dem letzten Zeugnis der jüdischen Präsenz in Görz. Er liegt heute in Nova Gorica. „Du gehst durch den Schlossbergtunnel direkt an der Piazza Vittoria Richtung Osten. Lass dich nicht abschrecken, der Friedhof liegt in einem Gelände zwischen einem Kreisverkehr, einem Schrottplatz, einem Casino und einem Supermarkt. Du erkennst ihn an den hohen Steinmauern. Der Eingang ist unscheinbar, eine schmiedeeiserne Tür, kein Tor. Du musst durch hohes Gras stapfen. Es gibt weder Gehwege noch Parzellen, keine erkennbare Ordnung. Mit etwas Geduld findest du die Gräber der Familien Morpurgo, Luzzatto und Michelstaedter. Carlos Grab erkennst du an den kleinen Steinchen, die Besucher zurückgelassen haben. Die meisten Grabsteine sind verwittert und bemoost, die Inschriften kaum noch lesbar. Manche von ihnen, die ältesten, sind auf Deutsch verfasst", sagt Lorenzo und verabschiedet sich mit einem Kopfnicken.

# Jüdisches Leben in Gorizia

Sinagoga Ebraica

Die Dauerausstellung mit dem Titel „Jerusalem am Isonzo" präsentiert die Geschichte des jüdischen Volkes im Laufe der Jahrhunderte und konzentriert sich dabei insbesondere auf die jüdische Gemeinde von Görz. Dem Künstler und Philosophen Carlo Michelstaedter ist ein Schwerpunkt gewidmet.

Via Graziadio Isaia Ascoli 19
Lorenzo Drascek
Tel.:+39 334 9181872

ass_israele_go@yahoo.it

Giardino Bruno Farber

Der kleine Garten neben der Synagoge ist dem jüngsten Deportationsopfer der SS-Zeit gewidmet, dem drei Monate alten Bruno Farber.

Das Ghetto

In der nach dem großen Gelehrten Graziadio Isaia Ascoli benannten Straße und in der angrenzenden Via San Giovanni sind schöne Häuser mit schmiedeeisernen Balkonen zu sehen, die aus der Zeit stammen, als sich hier das Ghetto befand. Eines der Tore, die einst den Eingang markierten, ist noch erhalten geblieben.

## Casa Ascoli

Das Geburtshaus des berühmten Linguisten Graziadio Isaia Ascoli ist heute Sitz der philologischen Gesellschaft „Società filologica friulana". Eine Dauerausstellung geht auf die vielseitige kulturelle Identität Gorizias ein und dokumentiert die Arbeiten des Sprachwissenschaftlers, der als Erster das Friulanische wissenschaftlich erforscht hat.

Via Graziadio Isaia Ascoli 18

www.filologicafriulana.it

## Casa Luzzatto

Das Wohnhaus von Carolina Sabbadini Luzzatto, der engagierten Journalistin, Feministin und ersten Frau, die in Italien als Herausgeberin tätig war, ziert eine Tafel, die ihren kämpferischen Geist sowie ihr Eintreten für ein freies Italien würdigt.

Via Arcivescovado 7

## Villa Elda

Das Domizil von Elda Michelstaedter und ihrem Mann Silvio Morpurgo, einem Arzt, Wohltäter und wichtigen Vertreter der jüdischen Gemeinde, gehört zum historischen Erbe der Stadt. In den Jahren der Besatzung war das deutsche Hauptquartier hier untergebracht. Vor dem Haus weisen Stolpersteine auf die tragische Geschichte der Familie hin.

Largo Culat 11

## Stolpersteine

Lorenzo Drascek, der Vorsitzende des Vereins „Freunde Israels", hat bewirkt, dass Stolpersteine in Gorizia verlegt wurden. Die ersten 2016 in der Via Ascoli, mittlerweile sind es mehr als zwanzig.

www.laltrove.com/le-pietre-dinciampo-a-gorizia-fuocolento-gennaio-2023/
www.stolpersteine.eu

## Jüdischer Friedhof von Rožna Dolina/ Val di Rose

Der jüdische Friedhof von Görz ist einer der bedeutendsten in Mitteleuropa. Er liegt heute in Slowenien. Der älteste erhaltene Grabstein stammt aus dem Jahr 1652 und die letzte jüdische Beerdigung fand am Ende des Zweiten Weltkriegs statt.

Vipavska cesta 16b
5000 Nova Gorica

## La Vecia Gorizia

Hier wird gekocht come a casa. Unkomplizierte Gerichte, die einfach gut schmecken. Angenehm schnörkelloses Ambiente, nette Wirtsfamilie.

Via S. Giovanni 14

Gorizia wie anno dazumal: das Beisl „La Vecia Gorizia"

# Die Seidenstraße zwischen Görz und Wien

**Vom verhinderten Besuch einer Kaiserin in Görz, Maulbeerbaumplantagen und kunstvollen Handarbeiten im Kloster der Ursulinen.**

Kaiserin Maria Theresia war bereits eine ältere Dame, als sie beschloss, Görz zu besuchen. Sie wollte ihre Verwandten aus Sizilien und der Toskana treffen und wählte die südliche Grafschaft aus, weil sie auf halbem Wege lag. Das Gerücht verbreitete sich wie ein Lauffeuer, bald war das ganze Land in Aufruhr. Die Stadtregierung ließ die Bürgersteige reparieren, schäbige Häuser abreißen, Eckgebäude, die den Durchgang verengten, schleifen – alles, was die Stadt verunstaltete, sollte entfernt werden.

Straßen wurden verbreitert, um die Durchfahrt der Kutschen zu erleichtern und für den Zustrom der Massen gewappnet zu sein. Ein Teil der hochherrschaftlichen Gäste aus der Toskana war bereits eingetroffen, um die Unterkünfte zu inspizieren und geeignete Residenzen für sich und das Gefolge auszuwählen. Dann hieß es plötzlich aus Wien: Ein Unwohlsein der Kaiserin verhindere ihre Abreise.

Die gesamte geplante Zeremonie wurde abgesagt, die Vorbereitungen gestoppt. Der Historiker Carlo de Morelli (1730–1792), ein Zeitzeuge, schreibt: „Die Enttäuschung war groß und breitete sich schnell über alle Schichten der Bevölkerung aus. Alles verstummte, als wären wir in einem Augenblick vom hellsten Tag in die dunkelste Nacht übergegangen."

Wer heute den Burgberg hinaufspaziert und durch das Borgo Castello streift, erlebt noch etwas von der damaligen Atmosphäre. Enge Gassen, einstöckige Häuser von bescheidener Größe, mittendrin das Museo della Moda e delle Arti applicate, das Museum der Mode und der Angewandten Kunst, das, nachdem Maria Theresia Görz nie besucht hat, so etwas wie ihr Vermächtnis darstellt. Im Verbund mit dem Museo della Grande Guerra bildet es eine Art Museumsquartier, eingerichtet in zwei Renaissance-Häusern – der Casa Simone Tasso, ehemals Wohnort des Oberaufsehers der kaiserlichen Postkuriere, und der Casa Dornberg, die einst dem kaiserlichen Botschafter in Venedig und beim Heiligen Stuhl gehörte. Das dritte Museum im Bunde ist das Museo del Medioevo Goriziano in den Räumen der Burg.

Die Museumsmeile im Borgo Castello

Die Seidenstraße zwischen Görz und Wien

Die Mode, der Krieg und das Mittelalter: Warum liegen gerade diese Thematiken so eng beieinander, fließen so nahtlos ineinander über? Der Zusammenhang erschließt sich, wenn man erfährt, dass die mittelalterliche Festung nach dem Krieg 1918 in Trümmern lag und man bestrebt war, alles, was aus ihrer Entstehungszeit noch vorhanden war, zu bewahren. Der Erste Weltkrieg wiederum musste im kollektiven Gedächtnis wachgehalten werden, er markierte eine Zäsur in der Geschichte, danach war nichts mehr wie zuvor. Und die Mode schließlich dokumentiert jenen Wirtschaftszweig, dem die Stadt lange Zeit ihren Wohlstand verdankte.

Und hier kommt wieder Maria Theresia ins Spiel. Da der Verbrauch an edlen Stoffen in Wien enorm hoch war – und der Versuch, Maulbeerbäume nahe der Kaiserstadt anzupflanzen, wegen des Klimas gescheitert war –, entschied die kluge Monarchin, die Seidenproduktion in die südlichen Gebiete des Reiches zu verlagern. Rund um Görz wurden also Maulbeerbaumplantagen angelegt, viele Familien fanden ihr Auslangen, indem sie die Raupen mit den Blättern fütterten, die Kokons in heißem Wasser kochten und die Fäden entwirrten, sodass daraus Garn gesponnen werden konnte. In kleinen Werkstätten und Manufakturen wurde das Rohmaterial zu hochwertigen Stoffen verwoben. Dieses „Business" verlangte viel Geschick und Erfahrung. Um Seide in der Qualität herzustellen, die in Wien oder Paris verlangt wurde, brauchte es handwerkliches Können, da nur sorgfältig gewonnene Fäden die erforderliche Festigkeit und den betörenden Glanz aufwiesen.

Modisches Outfit aus vergangenen Zeiten

Ohne diese Vorgeschichte ist kaum zu verstehen, wie es dazu kam, dass Gorizia heute über ein solch außergewöhnliches Museum verfügt. Ohne Maria Theresia gäbe es in der Region keine Seidenproduktion, und ohne dieses florierende Gewerbe hätte die Stadt nie die Bedeutung erlangt, die sie über Jahrhunderte hatte. Und ohne diesen Wohlstand gäbe es wohl auch die Exponate nicht, die uns heute so faszinieren.

Kleidungsstücke, Schmuck, bestickte Taschentücher, Spitzen, Hüte, Schuhe, Taschen, Unterwäsche, Handschuhe, Sonnenschirme: Eine beeindruckende Bandbreite ist es, die sich da vor den Augen der Betrachter entrollt. Was in den eigenen vier Wänden getragen wurde, was in der Gartenlaube, was beim Diner und was im Theater, hat der Architekt Lorenzo Greppi auf innovative und multidisziplinäre Weise dokumentiert. Während andere Museen sich auf bestimmte Epochen, Modetrends oder besondere Anlässe

> Ohne Maria Theresia gäbe es in der Region keine Seidenproduktion.

Kunstvolle Stickereien der Ursulinen

spezialisieren, wird hier die ganze Welt des Textils zum Leben erweckt und ein Universum geschaffen, das uns mit dem, was nach der nackten Haut dem Körper am nächsten liegt, verbindet.

Das Drehbuch, das für die Schau entwickelt wurde, hält den Betrachter, die Betrachterin in Atem. Einmal staunt man über eine Maschine aus der Mitte des 18. Jahrhunderts, deren Einzigartigkeit darin besteht, dass sie nicht durch das Wasserrad, sondern durch eine Person, die sie durch Rückwärtsgehen in Gang setzte, bedient wurde. Ein anderes Mal sind es mauvefarbene, mit einem schwarzen Ripsband verzierte Damenschuhe aus 1840, die alle Blicke auf sich ziehen, dann wieder eine elegante Robe, die mit weiter Krinoline getragen wurde.

Besonders eindrucksvoll ist ein Bereich, der den Anschein erweckt, man würde durch eine Straße bummeln. Eine Fototapete zeigt Görz, aber es könnte auch Wien, Ljubljana oder Triest sein. Auf der einen Seite des Raumes herrscht reges Treiben – Damen und Herren in Ausgehkleidung bewegen sich langsam an den Betrachtern vorbei –, während auf der gegenüberliegenden Seite in Glasvitrinen Kleiderpuppen stehen, die einzelne besonders raffinierte Toiletten zu Schau stellen.

Kleidung – das wissen wir – ist weit mehr als nur ein materieller Gegenstand. Sie schafft die Brücke zwischen Sein und Schein. Sie wird meist mit Bedacht gewählt und dient doch nicht nur zur Optimierung der äußeren Erscheinung. Sie transportiert Botschaften, spricht eine stille Sprache, ist mit bestimmten Attributen versehen, offenbart Sichtweisen, ermöglicht Rückschlüsse, enthüllt Illusionen, Träume und Täuschungsmanöver.

Der Hut – unverzichtbares Accessoire einer eleganten Dame

Muster, die für die einzelnen Stoffe gewählt wurden, geben darüber beredt Auskunft. So war das Thema „Blume" keineswegs den Frauen vorbehalten, erfahren Besucherinnen und Besucher bei ihrem Museumsrundgang. Im Gegenteil, Männerkleider wurden im 18. Jahrhundert zu exquisiten, bestickten Herbarien, so präzise wie botanische Zeichnungen. Stiefmütterchen und Vergissmeinnicht wählte man aus, um Liebesbotschaften zu verfassen, wobei jede einzelne Blume für eine bestimmte psychologische Eigenschaft stand. Ein Blumenstrauß oder eine Stickerei am Gewand konnte also ebenso wortreich sein wie ein Liebesbrief. Wow!

Die Seidenstraße zwischen Görz und Wien

Zu den ausgestellten Wundern des Museo della Moda gehören auch jene kunstvollen Seidenstickereien, die im Kloster der Ursulinen angefertigt wurden. Der Orden hat in Görz eine lange Geschichte. Sie reicht bis ins 16. Jahrhundert zurück, als die Nonnen in die Stadt kamen, um Bildung und religiöse Erziehung für Mädchen anzubieten. Die fleißigen Ursulinen waren bekannt für ihre feinen Handarbeiten. Auch die Kunst der Klöppelspitze wurde von den Ursulinen eingeführt. Dank dieses umfangreichen Savoir-faire konnten sie die Ausbildung ihrer Schülerinnen finanziell unterstützen. Die Motive umfassten neben kunstvollen floralen und geometrischen Designs vor allem religiöse Themen. Die Stickereien, die die heiligen Gewänder schmückten, stellten Andachtsszenen dar. Sie sollten einen Vorgeschmack auf die Herrlichkeit des Paradieses geben und steigerten die Pracht der barocken Kirchen. Ihr Detailreichtum erinnert an Ölgemälde.

Eines der spektakulärsten Exponate aus dem 18. Jahrhundert ist sicherlich ein Gewand, das, laut mündlicher Überlieferung, im Kloster St. Ursula aus einem Mantel Maria Theresias hergestellt wurde. Aus rotem Seidensatin gefertigt und mit Blumenmotiven aus mehrfarbiger Seide und Silberfäden bestickt, wurde es ausschließlich beim Hochamt zu Pfingsten und am Gedenktag der Heiligen Ursula getragen.

Als Maria Theresia am 29. November 1780 im Alter von 63 Jahren in Wien starb, hinterließ sie ihrem Sohn ein gut verwaltetes, modernes, wirtschaftlich stabiles Reich. Josef II. setzte ihr Werk fort. Er holte den Besuch in Görz nach, den seine Mutter hatte absagen müssen. Auch intensivierte er die Bemühungen, die Seidenproduktion weiter zu professionalisieren, und schuf Anreize, damit fachkundige Arbeiter aus den südlichen Regionen sich in Wien niederließen.

Um das Jahr 1800 florierten rund um die Seidengassse und die Bandgasse im 7. Wiener Gemeindebezirk rund 600 Fabriken mit über 30.000 Arbeitern, die an den Webstühlen standen, um die steigende Nachfrage nach Seide, Samt, Bändern und Tuch zu befriedigen. Das Know-how kam aus der Grafschaft Görz, wie Rechnungen aus den Jahren 1789 und 1790, die ein gewisser Giovanni Battista Ferretti für nach Wien verkaufte Stoffmuster ausgestellt hat, belegen.

Es war die glanzvollste Zeit der Wiener Industrie und der Reichtum der Vorstädte erreichte unvorstellbare Ausmaße. Für die Wiener Stadtteile Schottenfeld und Neubau bürgerte sich bald schon der Ausdruck Brillantengrund ein, und im Volkslied wurde ein Vater, der „Hausherr und Seidenfabrikant" war, zum Synonym für Reichtum, Wohlstand und ein frivoles, sorgloses Leben, etwas, das die Haupt- und Residenzstadt Wien dem entlegenen Städtchen Görz zu verdanken hat.

> Prachtvolle Stickereien, Vorgeschmack auf die Herrlichkeit des Paradieses.

Wahrzeichen des Borgo Castello – die Chiesa Santo Spirito aus dem Jahr 1414

# Zu Besuch in der Görzer Oberstadt

## Das Borgo Castello und die Burg

Die Görzer Oberstadt entstand im 11. Jahrhundert, als die Grafen von Görz hier ihre Residenz errichteten. Das Castello bildete das Zentrum, um das herum nach und nach Häuser für Adelige, Lehnsherren, Gefolgschaft und Bedienstete errichtet wurden. Im Jahr 1414 kam das gotische Kirchlein Santo Spirito hinzu. Während des Ersten Weltkrieges wurde die Burg schwer beschädigt. Sorgfältig restauriert, vermittelt sie immer noch einen Hauch der Atmosphäre von damals. Von den Gärten aus schöner Panoramablick.

Borgo Castello 36

www.turismofvg.it/schlosser/gorzer-burg

## Museo del Medioevo Goriziano

Zu sehen sind u. a. ein Modell der Burg und der Grafschaft zum Zeitpunkt ihrer maximalen Ausdehnung sowie Nachbildungen historischer Waffen und eine umfangreiche Sammlung von Musikinstrumenten.

Borgo Castello 36

www.comune.gorizia.it

## Museo della Moda e delle Arti applicate

Die interessant gestaltete Schau geht detailliert auf die Herstellung von Seide ein – ein im 18. und 19. Jahrhundert in der Region führender Wirtschaftszweig. Viel Platz ist der Mode der mitteleuropäischen Belle Époque gewidmet mit Exponaten, die Seltenheitswert haben.
(Zu Redaktionsschluss im Januar 2025 war das Museum wegen Umbau geschlossen und sollte nach einem Relaunch im März 2025 wiedereröffnet werden.)

Borgo Castello 13

www.museomoda.regione.fvg.it

## Museo della Grande Guerra

siehe auch Seite 88

Objekte, Dokumente, Fotografien und Multimedia-Interventionen veranschaulichen den Kriegsalltag in den Schützengräben. Ein eindrucksvolles Mahnmal gegen den Krieg.

Borgo Castello 13

www.musei.regione.fvg.it

## Bar al Museo

Charmante Bar über den Dächern von Gorizia, ideal, um nach dem Museumsbesuch eine kleine Rast einzulegen. Zum Espresso werden Patisserien serviert und zum Wein kleine Häppchen.

Borgo Castello 11

# Einer flog über das Adlernest

Es gibt wohl wenige psychiatrische Kliniken, die Eingang in die Literatur gefunden haben. Auch in dieser Hinsicht war Görz einzigartig.

„Damals befand sich die Stadt Görz noch in Österreich, und folglich befand sich in ihr ein Irrenhaus." So beginnt Anton Kuh seine Erzählung „Die Narren von Görz". Eine Anspielung auf die vielen Heilanstalten für psychisch Kranke, die um 1900 aus dem Boden schossen? Ein Alarmschrei angesichts der Lage der Nation? Die Anekdote ist jedenfalls meisterhaft erzählt, ironisch, pointiert und voller Seitenhiebe auf das alte Österreich und die österreichische Seele.

Kugeln flogen über Görz, heißt es im Text weiter. Eines Abends erteilt der Leutnant Befehl an den Feldwebel, zwei Plachenwagen anzuspannen und die Insassen der psychiatrischen Krankenanstalt wegzuschaffen – wie Kartoffelsäcke oder Lebendvieh, in Kriegszeiten die übliche Fracht eines Plachenwagens. Die Männer sprechen von den „Noarrn" wie von Ladegut. Nie fällt das Wort Mensch oder Person, man weiß nicht einmal, ob es sich um Männer oder Frauen handelt. Es sind „Noarrn".

„Wenn ein Österreicher ‚Noarrn' sagt, mildert ein spöttisches ‚o' den kalkweißen Schrecken des ‚a'", lässt der Autor uns wissen. „Verschnürte Tobsuchtsbündel", „Narrenfracht", „kreischend über die Schwelle Gedrängte", so werden die Kranken bezeichnet. Mit gezücktem Block und Bleistift stehen die Vertreter der Obrigkeit da und zählen: „Zwa, vier, sechs, ocht ..." Wie sich bald herausstellen wird, sind sie bei der Durchführung ihres Befehls denkbar ungeschickt.

Nicht nur, dass sie sich offenbar beim Zählen irren und nur 58 statt 60 Schutzbefohlene an den Bestimmungsort bringen – Paukenschlag! –, entkommen diese ihnen auch noch, weil die Baracke, die sie hätte aufnehmen sollen, noch nicht fertiggebaut ist. Die „Noarrn", müssen die Wehrmänner entgeistert feststellen, sind ihnen in der Dunkelheit entwischt, und wer weiß, wohin es sie verschlagen hat – vielleicht nach Wien oder gar nach München? Mit dieser spöttischen Frage endet Kuh seinen Bericht. Die Frage bleibt im Raum stehen und lässt vermuten, dass die „Noarrn" immer noch unter uns weilen.

Wieder einmal erweist sich Anton Kuh als brillanter Geschichtenerzähler und hellsichtiger Beobachter. Sein karikaturhaftes Porträt des typischen Untergebenen lässt vor den Augen der Leserinnen und Leser das Bild jener Uniformträger entstehen, die nach 1945 sagen werden: „Ich hab ja nur meine Pflicht getan."

Zwischen den Zeilen ertönt Kritik am menschenunwürdigen Umgang mit psychisch Kranken, gleichzeitig liefert Kuh den Beweis dafür, dass diejenigen, die als „Noarrn" deklassiert wurden, den denkfaulen Befehlsempfängern – wenn nicht überlegen – so doch durchaus gewachsen waren. Gescheit genug, um die Situation auszunützen, ihre Chance zu erkennen und das Weite zu suchen.

Ort der Handlung: Das Ospedale psichiatrico provinciale in Gorizia, das 1911 als Jubiläums-Landes-Irrenanstalt „Franz Joseph I." in Betrieb gegangen war und sich an dem Wiener Modell der Pflege- und Heilanstalt Steinhof, einer der damals größten und modernsten Einrichtungen dieser Art in Europa, orientierte. Bis Ende des 19. Jahrhunderts wurden psychisch Kranke nur in Verwahrsam genommen, danach erst entwickelte sich die Psychiatrie zu einer Wissenschaft. In der ganzen Monarchie entstanden um die Jahrhundertwende neue Institutionen, so auch in Görz.

Doch schon kurz nach der Eröffnung wurde die Anstalt wieder geschlossen. Im Ersten Weltkrieg stand die Stadt unter Beschuss und die Kranken mussten weit weg von der Front nach Kroměříž

Franco Basaglias einstige Wirkungsstätte – von hier ging in den 1960er Jahren eine Revolution aus

in Ostmähren evakuiert werden. Ein Umstand, den Anton Kuh offenbar zum Anlass nahm, um seine Satire zu schreiben. Was er beschreibt, inszeniert und als utopisch darstellt – die Öffnung der Anstaltstore, die Entlassung der Patientinnen und Patienten in die Freiheit und in ein menschenwürdiges Dasein –, sollte Franco Basaglia 50 Jahre später in die Tat umsetzen.

Der junge Arzt übernimmt 1961 die Leitung des Ospedale psichiatrico provinciale in Gorizia und ist über die dort herrschenden Zustände entsetzt. Vehement prangert er die Inhumanität der „Institution Irrenanstalt" an und wird fortan alles daransetzen, deren Auflösung zu bewirken, was ihm 1978 mit der Verabschiedung der „legge Basaglia", des nach ihm benannte Gesetzes, tatsächlich gelingt.

Gleichzeitig mit seinem Eintritt in die Leitung der Klinik beginnt ein neues Kapitel in der Geschichte der Stadt, eines, das Gorizia auf die Weltbühne zurückholt. Diesmal nicht als „Nizza der Österreicher" oder als Schauplatz der blutigen Schlachten am Isonzo, sondern als Hauptquartier einer Revolution, die das medizinisch-akademische Denken erschüttern sollte.

Bis 1968 dauert Basaglias Gorizia-Experiment. In einem Zeitraum von nicht einmal zehn Jahren gelingt es ihm, alle Zwangsmethoden abzuschaffen, die Abteilungen zu öffnen, uneingeschränkte Bewegungsfreiheit der Patientinnen und Patienten zu ermöglichen und eine neue Form der Kommunikation einzuführen: Selbstverwaltung auf allen Ebenen unter Beteiligung der Patientinnen und Patienten. An die Stelle der herkömmlichen Hierarchie trat die „Gemeinschaft der Ausgeschlossenen", die bemüht war, jedem möglichst viel Verantwortung zu übertragen und Freiheit zu ge-

Der Park – ein Ruhepol am Rande der Stadt

währen. Die Ärzteschaft, das Pflegepersonal und die Patientinnen und Patienten bildeten ein Team, optisch für Besucher von außen kaum unterscheidbar.

Ab 1971 arbeitet Basaglia in Triest. Er leitet auch dort die psychiatrische Klinik der Stadt und führt die ambulante Betreuung der Kranken außerhalb der Klinikmauern ein. Aus der ganzen Welt reisen Interessierte aus unterschiedlichsten Professionen an, um an seinem Experiment teilzuhaben.

Das Ospedale psichiatrico provinciale in Gorizia wurde 1978 nach Inkrafttreten der „legge Basaglia" aufgelöst. Die Lettern an der Fassade verblassten. An der Grenze zu Slowenien, immer noch dazugehörend, aber doch weit weg vom eigentlichen Zentrum gelegen, geriet es in Vergessenheit. Von der Straße war nur das Verwaltungsgebäude zu sehen, ähnlich wie Klostermauern bildete die Fassade eine Art Barriere, einen Wall gegenüber der Welt und allem Weltlichen.

Hinter diesen Mauern erstreckt sich der Park, der heute Basaglias Namen trägt und der Öffentlichkeit zugänglich ist. Die Pavillons inmitten der Grünflächen sind symmetrisch angeordnet und durch Kieswege miteinander verbunden. Neben dem Hauptgebäude, der Kirche, der Küche, der Wäscherei gab es ursprünglich auch einen Bauernhof und Werkstätten für die körperliche Betätigung der Kranken – ein Therapiekonzept, das um die Jahrhundertwende den Grundpfeiler der Behandlung bildete.

Einige der Gebäude beherbergen heute das Zentrum für mentale Gesundheit, andere dienen verschiedenen Verbänden und Institutionen als Büros. Der riesige Park mit seinen jahrhundertealten Bäumen, den weiten Wiesen, den seltenen Pflanzenarten, den vielen Vögeln, die hier nisten, blickt einer ungewissen Zukunft entgegen. Werden immer mehr Parkplätze und Baugründe an seinen Rändern „knabbern"? Er muss unter Schutz gestellt werden, fordern die Bürgerinnen und Bürger der Stadt.

Zu ihrer Sensibilisierung hat sicher der Verein Quarantasetteroquattro beigetragen, der seit 2015 Events veranstaltet, die einen Dialog mit den urbanen Räumen eröffnen, wobei digitale Medien gemeinsam mit traditionellen Kunstformen wie Tanz, Theater und Konzerten zum Einsatz kommen.

„Vor dem Hauptgebäude des Krankenhauses erhältst du ein Paar Kopfhörer, und dann begibst du dich gemeinsam mit den anderen auf einen Spaziergang durch den Park", erzählt eine Besucherin. „Du hörst eine Stimme, die zu dir spricht. Mit dieser Stimme bist du allein. Das verursacht ein seltsames Gefühl, denn die Kopfhörer isolieren dich von der Gruppe. Du spazierst durch einen scheinbar unbegrenzten Grünraum und fühlst dich dennoch eingeschlossen. Du lauschst der Stimme, die dir die Geschichte der Anlage, der einzelnen Gebäude und derer, die sie bewohnten, erzählt – Männer und Frauen, die hier ihr ganzes Leben verbracht haben. Ihr ganzes Leben. Und dann kommt Basaglia ins Spiel. Du legst die Kopfhörer ab und wirst in die Freiheit entlassen."

# Ein Park und seine Geschichte

**Parco Basaglia**

Die 1908 fertiggestellte Anstalt gab Anton Kuh Anlass, die „Narren von Görz" zu schreiben, später wirkte hier der Arzt Franco Basaglia, der für seine Psychiatriereform weltberühmt wurde. Der ihm gewidmete Park ist öffentlich zugänglich.

Via Vittorio Veneto 174

**Verein Quarantasettezeroquattro**

Der Verein ist aus dem Kulturleben der Stadt nicht wegzudenken. Immer wieder lädt er Bewohnerinnen und Bewohner ein, sich mit den weniger bekannten Orten ihrer Stadt auseinanderzusetzen, sie aufzusuchen, sie kennenzulernen, ihre Geschichte zu erfahren und auf sehr persönliche Weise zu erleben. Auch zum Ospedale psichiatrico provinciale werden Touren angeboten.

www.quarantasettezeroquattro.it

**Österreichisches Lesebuch – Helmut Qualtinger liest Anton Kuh**

Das Audio-Dokument der Erzählung „Die Narren von Görz" kann auf YouTube angehört werden. Es ist in dreifacher Hinsicht bemerkenswert: Es setzt der Stadt Görz unter der k. u. k. Herrschaft ein Denkmal, es stellt Anton Kuh als brillanten Erzähler vor und es findet in Helmut Qualtinger einen unvergleichlichen Interpreten, der das genäselte Wienerisch des Offiziers genauso gut trifft wie die devote Stimmlage des Feldwebels.

Unterwegs auf einer multimedialen Erkundungstour des Vereins Quarantasettezeroquattro

Ein Park und seine Geschichte

# Die dunklen Jahre

## Gorizia als Schauplatz europäischer Geschichte, Machtwechsel und Kämpfe von der Jahrhundertwende bis zu den 1950er Jahren.

Wer sich der wechselhaften Geschichte Gorizias in der ersten Hälfte des 20. Jahrhunderts nähern will, stößt unweigerlich auf einen Mann, der auch in Wien Spuren hinterlassen hat. Mehr als Privates war es die Politik, die sein Leben bestimmte. Er wurde fast 100 Jahre alt, durchlebte eine ganze Epoche, geprägt von zwei Weltkriegen, dem Erstarken nationalistischer Bewegungen, der Herrschaft totalitärer Regime, dem Kampf der Partisanen und schließlich der Bildung zweier weltanschaulicher Blöcke, die wieder zu einem Krieg führten – dem Kalten Krieg.

Die Rede ist von Max Fabiani, der 1865 in einem kleinen Dorf im Karst als Untertan der k. u. k. Monarchie zur Welt kam und 1962 in Gorizia beigesetzt wurde. Dass er Slowenisch, Italienisch und Deutsch beherrschte, formte sowohl seine Persönlichkeit als auch seine Gedankenwelt. Er war ein echter Mitteleuropäer.

Sowohl in Wien als auch in Ljubljana und Gorizia sind Straßen nach ihm benannt. Jeder der drei Kulturkreise, denen er angehörte, beansprucht ihn für sich. Un architetto italiano, liest man auf italienischen Webseiten. Für Slowenien besteht kein Zweifel, dass er neben Jože Plečnik zu den größten Architekten des Landes zählt, und in Wien, wo er Bauten wie die Urania oder das Haus Artaria am Kohlmarkt schuf, wird er als Begründer der Moderne gefeiert.

Für Görz entwarf er 1905 eines der bedeutendsten Bauwerke der Stadt. Ein Eckhaus, das sowohl vom Corso Giuseppe Verdi als auch vom Volksgarten aus nicht zu übersehen ist. Dominanz, Funktionalität und Modernität zeichnen es aus, und bis heute fügt sich das Trgovski dom (dt: Handelshaus) harmonisch in sein Umfeld ein. Innovativ für die damalige Zeit war die Vielseitigkeit seiner Nutzung. Auf relativ begrenztem Raum fanden Geschäfte – darunter eines, das als erstes in Görz Damenhosen anbot –, eine Bankfiliale, Büros, Wohnungen sowie ein Theater, eine Bibliothek, eine Buchhandlung, eine Sporthalle und Räume für Kulturveranstaltungen und soziales Leben Platz.

Finanziert durch eine Handels- und Handwerksgenossenschaft, die 1897 gegründet worden war, um das Kapital slowenischer Betriebe zu bündeln, war das Trgovski dom der ganze Stolz der slowenischen Gemeinde und Ausdruck ihrer starken Präsenz in der Stadt. Man kann davon ausgehen, dass von den 30.000 Einwohnerinnen und Einwohnern, die Görz um 1900 zählte, rund ein Viertel slowenischer Herkunft waren, und bis zum Ersten Weltkrieg herrschte auf den rund 900 Quadratmetern des Trgovski dom rege Betriebsamkeit.

Das Bauwerk ist nicht nur für das Stadtzentrum ein extrem innovatives Architekturbeispiel. Es hat bis heute hohen Symbolwert. Wenige Tage nach der Ermordung des Thronfolgers Franz Ferdinand im Juli 1914 demonstrierte davor eine aufgebrachte Menschenmenge, die ihrer Wut gegen Slawen im Allgemeinen und Slowenen im Besonderen Luft machte. Prozessionen dieser Art wiederholten sich eine Zeit lang jeden Tag. Das kulturelle und politische Klima verschlechterte sich.

Künstler wie Lojze Spazzapan, Veno Pilon oder Ivan Čargo, die in Wien, München oder Paris studiert hatten und deren Werke heute in den Museen der Region zu sehen sind, bildeten die Ausnahme. Sie schlossen sich mit italienischen Kollegen zum Circolo artistico di Gorizia zusammen, veranstalteten gemeinsame Ausstellungen und vertraten eine künstlerische Avantgarde, die dem kosmopolitischen Denken verpflichtet war und sich über nationale Zugehörigkeiten hinwegsetzte.

Die dunklen Jahre

Das Trgovski dom – aus dem Stadtbild nicht wegzudenken

> 1916 wird Görz zum Kriegsschauplatz. Das elegante „Nizza der Österreicher" steht unter Beschuss.

Im Jahr 1916 wird die Stadt zum Kriegsschauplatz. Das elegante „Nizza der Österreicher" steht unter Beschuss, muss kapitulieren und gehört ab da zum Königreich Italien. Mitten im Krieg bietet die Technische Hochschule in Wien Max Fabiani eine Professur an, doch er lehnt ab. Auch auf eine weitere Einladung reagiert er 1919 mit einer Absage. Er ist fest entschlossen, beim Wiederaufbau in der Region die führende Rolle zu übernehmen, und lässt sich 1918 als selbstständiger Architekt in Gorizia nieder.

Er tritt 1921 der faschistischen Partei Italiens bei, dennoch bleiben große Aufträge aus. Die italienische Regierung wirft ihm vor, Slowene zu sein und obendrein „un austriaco", wie Anhänger der Habsburgermonarchie damals genannt wurden. Seine einstige Nähe zum Kaiserhaus war allseits bekannt, schließlich hatte er zum Beraterstab des Thronfolgers gehört und sollte für ihn Schloss Konopiště in Böhmen umbauen. Da es an Fachkräften mangelt, kann man auf Fabiani jedoch nicht verzichten. Seine Rolle als Stadtplaner bleibt unumstritten, obwohl nicht alles aus den italienischen Archiven aufgearbeitet ist. Bis 1922 setzt er ein umfangreiches Projekt um: Rund hundert vom Krieg zerstörte Ortschaften im Küstenland und auf dem Karst werden nach seinen Plänen erneuert beziehungsweise restauriert.

Und das Trgovski dom? Es wurde ebenfalls renoviert und stand noch für kurze Zeit im Zentrum des slowenischen Kultur- und Wirtschaftslebens. Mit dem Sieg der faschistischen Partei Italiens bei den Wahlen 1922 ändert sich jedoch alles.

Am 4. November 1926 bricht ein bewaffneter Trupp in das Trgovski dom ein, zerstört Räumlichkeiten und Eigentum, zertrümmert das Schild an der Fassade und besetzt das Gebäude. Aus dem Handelshaus wird die Casa Littoria – das Hauptquartier der faschistischen Partei in Gorizia.

Bald schon beginnen die neuen Machthaber, die slowenische Bevölkerung zu diskriminieren. Der Staat führt die Italianisierung ein: slowenische Schulen, Vereine und Parteien werden abgeschafft, das Slowenische als Umgangssprache verboten, Familien müssen ihre Nachnamen ändern, damit sie weniger slawisch klingen.

Überall wird die „Italianità" gefeiert. Mitten im Herzen der Stadt entsteht der Parco della Rimembranza, errichtet, um der Freiwilligen zu gedenken, die die Habsburger Armee verlassen hatten und auf italienischer Seite in den Krieg gezogen waren. Ein klassisches Beispiel faschistischer Erinnerungskultur, bis heute ein wichtiger Ort, um Traumata und Prozess der Aufarbeitung in dieser umkämpften Grenzregion zu verstehen.

In den darauffolgenden Jahren nützt Mussolini das vom Krieg gezeichnete Gebiet für seine Propaganda. In Gorizia lässt er oberhalb der Gärten des Ursulinenkonvents die Via Roma anlegen. Wie die römischen Kaiserforen sollte sie als monumentale Prachtstraße fungieren. Neubauten wie das Dipartimento Territoriale di Gorizia und die Camera di Commercio (Handelskammer) tragen die idealtypischen Merkmale rationalistischer Architektur und fungie-

Der Palazzo postale, das Postamt von Gorizia, birgt Kunstwerke der Avantgarde

Die dunklen Jahre

ren im Stadtbild als Manifest des italienischen fascismo. Nicht zu übersehen ist der Palazzo delle Poste mit seinem hohen Turm, der imposanten Fassade und dem berühmten Gemälde „Treno in corsa" aus dem Jahr 1933 von Guglielmo Sansoni – ein Hauptwerk des italienischen Futurismus.

Ebenfalls dieser Epoche zuzuordnen ist das für eine faschistische Jugendorganisation, genannt Opera Nazionale Balilla (ONB), 1928 errichtete Gebäude an der Piazzale Medaglie d'Oro 2. Heute beherbergt es das Liceo Artistico. Dass es nach Max Fabiani benannt ist, kann als versöhnliche Geste gewertet werden. Denn damals, in der Zwischenkriegszeit, stand der berühmte Architekt nicht gerade hoch im Kurs. Er musste sich mit Umbauten und Restaurierungen begnügen. Für den Duce bauten andere. Im Stadtbild von heute tragen die Burg, die Villa Coronini, die Fabiani renovierte, sowie die Chiesa del Sacro Cuore, die er 1938 auf Basis vorhandener Pläne fertigstellte, seine Handschrift.

Fabiani gilt nach wie vor als umstrittene Persönlichkeit. Um seinen Beruf weiter ausüben zu können, passt er sich offenbar den gegebenen Umständen an. Er hätte die Region auch verlassen können. Mag sein, dass er daran gedacht hat, sich in Ljubljana niederzulassen. Das sozialdemokratische Wien jedenfalls kommt nicht mehr in Frage. Als die faschistische Regierung Italiens ihm den Bürgermeisterposten in Štanjel, unweit seines Geburtsortes, anbietet, willigt er ein. Ein weiterer Grund dafür, dass er in Verruf gerät. Doch während des Krieges findet der nunmehr über Siebzigjährige in dem festungsartig angelegten Bergdorf einen Rückzugsort. Auch hier wirkt er als Bewahrer, setzt sich für den Erhalt der traditionellen Karstarchitektur ein und baut für seinen Schwager die Villa Ferrari, heute eine vielbesuchte Sehenswürdigkeit im slowenischen Karst.

In Gorizia formiert sich währenddessen der slowenische Widerstand. Unter dem Akronym „Tigr", was für „Trst, Istria, Gorica, Rijeka" steht, agiert eine Untergrundorganisation. Pamphlete werden gedruckt, Schulen niedergebrannt, in Triest fallen Bomben auf ein Verlagsgebäude. Als Reaktion darauf werden am 6. September 1930 in Basovica fünf junge Männer hingerichtet – die ersten slowenischen Opfer des Faschismus.

Über all diese Jahre spannt sich ein blutgetränkter Bogen grausamer Geschehnisse. Sie haben auch im Stadtbild Spuren hinterlassen. Sichtbare – Gorizia und Nova Gorica sind voll von Mahnmalen und Denkmälern – und unsichtbare, denn die Ereignisse erzeugen bis heute eine Resonanz, einen Widerhall, dem man sich kaum entziehen kann.

Alle, die von Udine anreisen, stehen am Bahnhofsgebäude vor einer Tafel, die an die Opfer der Battaglia di Gorizia im September 1943 erinnert. Sie bezeugt, dass Slowenen und Italiener sich nicht immer feindlich gegenüberstanden. Kurz nach der italienischen Kapitulation und der sich anbahnenden Besatzung des Landes durch deutsche Truppen waren Hunderte von Arbeitern aus Triest, Muggia und Monfalcone spontan nach Gorizia ge-

> Die blutigen Jahre haben Spuren im Stadtbild hinterlassen.

Die dunklen Jahre

Die rostrote Stele – Gedächtnis der Stadt

stürmt und hatten gemeinsam mit slowenischen Partisanen und einigen Freiwilligen den Versuch unternommen, die Deutschen aufzuhalten.

Die Unternehmung scheiterte, Italien zerfiel in drei Teile. Drei politische Kräfte beherrschten das Land: Während der Süden von den Alliierten bereits befreit war, hielten die Deutschen den Norden besetzt und wurden von Partisaneneinheiten heftig bekämpft.

Max Fabiani, der wegen seiner Deutschkenntnisse in der Lage war, mit der Besatzungsmacht zu verhandeln, konnte bewirken, dass Štanjel vor der Zerstörung verschont blieb. Ein Argument, das er nach Kriegsende, als Titos Partisanen das Land befreiten, ins Treffen führte, um sich gegen die Anschuldigung der Kollaboration zu verwehren.

Auch Gorizia wurde von jugoslawischen Truppen befreit. Auf italienischer Seite sieht man das allerdings anders. Man spricht nicht von Befreiung, sondern von „40 Tagen in der Hölle". Der Begriff „foibe", früher verwendet für tiefe natürliche Schluchten im Karstgestein, gilt heute als Synonym für Massengräber und Vergeltungsmaßnahmen gegen Faschisten, Kollaborateure und Oppositionelle.

Sowohl die Erschießung von Basovica als auch die foibe sind in das kollektive Gedächtnis eingebrannt. Aber kaum jemand spricht darüber. Gäbe es den Verein Quarantasettezeroquattro 4704 nicht, wäre die Nachwelt mit den nüchternen Fakten allein gelassen. So aber kann jeder, der Gorizia besucht, aus dem Mund von Zeitzeugen erfahren, wie sie die Ereignisse einschätzen. An markanten Stellen aufgestellt, markieren schmiedeeiserne Stelen, leicht zu erkennen an ihrer rauen rostigen Oberfläche, die sogenannte Topografia della Memoria–Museo diffuso dell'area di confine. Sie sind mit Gucklöchern ausgestattet, durch die man den Blick schweifen lassen kann, oder man scannt einen QR-Code und erhält Zutritt zu einem Multimedia-Raum, der mit Bildern und Oral-History-Dokumenten ausgestattet ist.

Seinen Namen bezieht Quarantasettezeroquattro – 4704 von zwei Ereignissen, die einen entscheidenden Wendepunkt herbeiführten und voll symbolischer Bedeutung sind. Die Zahl 47 (quarantasette) verweist auf die Errichtung der Grenze zwischen Italien und Jugoslawien im Jahr 1947, als Familien sich entscheiden mussten, auf welcher Seite des Stacheldrahtes sie leben wollten; als sie begriffen, dass danach keine Kontakte mehr möglich sein würden, weil Soldaten die Grenze kontrollierten und Befehl hatten zu schießen. Die Zahl 04 (zeroquattro) benennt das Jahr des Beitritts

Sloweniens zur Europäischen Union. Diese Zahl steht für das Ende des Schreckens und für Versöhnung.

Hätte Max Fabiani das Jahr 2004 erlebt, wäre er wohl zufrieden gewesen. Mehr als das. Sein Trgovski dom wurde an die slowenische Community von Gorizia zurückgegeben. Von einem jungen italienischen Architekten gestaltet, bildet die Biblioteca Damir Feigel heute einen starken Anziehungspunkt. Der Besucherstrom reißt nicht ab, die Einschreibungen steigen stetig. Frei zugänglich stehen über 60.000 Bücher, Zeitungen und Zeitschriften zur Auswahl. 20 Prozent davon auf Italienisch, manche auch auf Englisch. Der Blick aus den Fenstern fällt auf den Volksgarten – wo im Jahr 2015 ein Denkmal für Max Fabiani errichtet wurde.

Unterwegs am „Pfad der Erinnerung"

# Spuren der Vergangenheit

## Trgovski dom und Biblioteca Damir Feigel

Sowohl hinsichtlich des Stils als auch was die interne Raumorganisation betrifft, war der 1905 fertiggestellte Bau innovativ. Heute wird das Trgovski dom (dt. Handelshaus) auch von Bewohnerinnen und Bewohnern von Nova Gorica gern aufgesucht, vor allem wegen der Biblioteca Damir Feigel. Das Foyer und auch der erste Stock mit Schachtisch und großem Balkon sind es wert, einen Blick hineinzuwerfen.

Corso Verdi 52

www.knjiznica.it

## Topografie della memoria

Leicht erkennbar an ihrer rauen, rostigen Oberfläche, bilden die überall im öffentlichen Raum aufgestellten Stelen eine Art Erinnerungspfad des Museo diffuso dell'area di confine. Man kann durch ein Guckloch den Blick auf ein bestimmtes Gebäude richten oder einen QR-Code scannen und Originalstimmen von Zeitzeugen hören.

www.topografiedellamemoria.it

## Camera di Commercio

Dieses 1930 fertiggestellte Bürogebäude gilt als Beispiel monumentaler faschistischer Architektur. Es trägt klassizistische Züge und hebt sich stark von den übrigen Gebäuden ab.

Via Francesco Crispi 10

## Parco della Rimembranza

Im Schatten alter Bäume stehen Denkmäler, die seit 1923 jener gedenken, die die Armee des Kaisers verließen, um auf der Seite Italiens zu kämpfen. Später wurden Elemente hinzugefügt, die von den vielen Wunden zeugen, die Gorizia im 20. Jahrhundert erlitten hat.

Via Antonio Canova 11

## Palazzo delle Poste

Durch seinen hohen Turm ist das Postamt nicht zu übersehen. Es beherbergt zahlreiche Kunstwerke, darunter das berühmte Gemälde „Treno in corsa" von Guglielmo „Tato" Sansoni.

Via Francesco Crispi 13

## Liceo Artistico „Max Fabiani"

Architekt Umberto Cuzzi ist einer der Hauptvertreter der rationalistischen Architektur in Italien. Die 1929 fertiggestellte Casa del Balilla gilt als sein Erstlingswerk und Manifest. Seit 1954 wird hier Architektur, bildende Kunst, Graphic Design und Mode unterrichtet.

Via Vittorio Veneto 170

www.isa-fabiani.it

## Chiesa del Sacro Cuore

An dieser Kirche haben mehrere Architekten mitgewirkt. Fertiggestellt wurde sie schließlich 1934 nach Plänen von Max Fabiani. Seine Handschrift ist an der Strenge der Fassade erkennbar.

Via Brigata Casale 10

## Villa Perco

Für den Bauunternehmer Bruno Perco entworfen, ist die Villa aus dem Jahr 1935 ein weiteres Oeuvre des Architekten Umberto Cuzzi. Von der Straße etwas zurückversetzt ist sie im Stil völlig anders als die Jugendstilbauten auf dem Corso Italia und sticht sofort ins Auge. Im Inneren wirkt die Abfolge aus offenen und geschlossenen Räumen sehr modern.

Via Angiolina 34

Friedvolle Stimmung im Parco della Rimembranza

## Die Avantgarde der 1920er Jahre

Im Jahr 1923 wurde in Gorizia der Circo artistico gegründet, in dem Nationalität keine Rolle spielen sollte. Neben dem Schriftsteller Sofronio Pocarini und dem Kunsthistoriker Antonio Morassi gehörten dem Kreis auch Vertreter der slowenischen Avantgarde – wie etwa Lojze Spazzapan und Veno Pilon – an.

Galerie Spazzapan

Via Marziano Ciotti 51
Gradisca d'Isonzo

www.galleriaspazzapan.regione.fvg.it

Galerie Veno Pilon

Prešernova ulica 3
Ajdovščina

www.venopilon.com

# Die Villa der Contessa Lydushka

Die Villa de Nordis als Zentrum historischer Ereignisse und Schauplatz einer faszinierenden Familiensaga.

Die reiche Erbin, der charmante Großwildjäger, die junge Pferdenärrin, der fesche k. u. k. Offizier, der gutaussehende Gärtner, der behandschuhte Hausdiener, die verträumte Contessa, der amerikanische Präsident, der livrierte Chauffeur, der englische Snob und die Broadway-Diva ... Sie alle bevölkerten das stattliche Haus in der Via degli Scogli und auch den Garten, in dem die alte Linde noch den gleichen Duft verströmt wie damals, ebenso wie die Rosen, die jeden Morgen abgeschnitten und überall im Haus auf Vasen verteilt wurden, um die Räume zu parfümieren.

Die Villa de Nordis – bis heute in Privatbesitz

Nur Romano Facca, der jetzige Besitzer, fehlt in diesem Panoptikum. Er trat erst 2006 aus dem Schatten seiner Vorgängerinnen und Vorgänger hervor, als bekannt wurde, dass er der Erbe des Anwesens war. Dass die Villa de Nordis nicht zum Hotel, nicht zur Hochzeitslocation und nicht zum Golf-Resort verkommen ist, verdanken wir ihm. Er hätte auch verkaufen und sich mit dem Geld einen Wunsch erfüllen können – eine Weltreise, ein Haus am Meer, eine Yacht. Doch das kam für ihn nicht in Frage.

Gehen wir zurück zu den Anfängen: Ein gewisser Antonio de Nordis aus Vicenza, seines Zeichens kaiserlich-königlicher Notar, erwarb laut theresianischem Grundbuch das in Solkan versteckt gelegene Anwesen im Jahr 1890. Ein weitläufiger Park, der bis ans Ufer des Isonzo reicht, umgibt es, die darin eingebettete Villa wirkt in diesem gepflegten Garten wie ein zierliches Puppenhaus.

Die Frau, die darin schalten und walten sollte, hieß Lydia Lenassi und war mit Antonio de Nordis den Bund der Ehe eingegangen. Sie ist die erste in einer Reihe von Lydias, die 115 Jahre lang die Geschicke des Hauses lenken sollten. Lydia Lenassi entstammte einer wohlhabenden adeligen Familie mit Stadtpalais auf der Piazza Grande mitten im Zentrum von Görz. Sie suchte höchstpersönlich jedes Stück des Inventars für den neuen Landsitz aus. Das feine Porzellan, das Silberbesteck, die Kristallgläser, alles, was wir heute in den Vitrinen bewundern können.

Die Vorhangstangen, die vergoldeten Spiegel, die Luster aus Muranoglas sehen so aus, als hätten sie nie ihren Platz gewechselt, als hätten die Töchter – die Erstgeborene Eleonora, genannt Norina, und Lydia/Liddy – es nie gewagt, in die Ordnung, die ihre Mutter geschaffen hatte, einzugreifen. Was die nächste Generation beisteuerte, war vielleicht das Ledersofa im Salon, aber in jedem Fall das „Liber amicarum" genannte Gästebuch und einige Fotografien auf den Beistelltischchen. Auffällig ist die eines gutaussehenden jungen Mannes, leider in schwarz-weiß, sonst würde man seine blauen Augen erkennen. Das Foto zeigt einen schneidigen Offizier mit gepflegtem Schnauzbart, Orden an der Uniformjacke und einem über die Schulter geworfenen Mantel mit Pelzkragen. Sein in die Kamera gerichteter Blick lässt auf ein sanftes, vielleicht auch etwas schwermütiges Wesen deuten. Ferdinand Hornik, geboren 1886, stammte aus einer kleinen Ortschaft zwischen Brünn und Budweis, diente in der k. u. k. Armee und war kein Adeliger.

Blick vom Salon in den verwunschenen Garten

Offenbar führte sein Regiment ihn nach Görz. Befand er sich auf Patrouille oder leitete er eine Übung? Wir wissen es nicht. Jedenfalls saß er hoch zu Ross, als Liddy, die jüngere Tochter des Hauses, einen Spaziergang durch den Garten machte. Die Blicke der beiden trafen sich. Ferdinand winkte dem schönen Mädchen zu, sie antwortete mit einem Lächeln. Worte wurden gewechselt und schnell war es um die beiden geschehen. Nur kurze Zeit darauf heiratete das Paar.

Lydushka, Liddys Tochter, kommt 1921 zur Welt. Ihr Vater gibt ihr die tschechische Koseform des Namens Lydia, von ihm erbt sie auch die Leidenschaft fürs Reiten. Es heißt, sie hätte schon im Sattel gesessen, bevor sie gehen konnte. Von ihrer Mutter übernimmt sie die nonkonformistische Haltung. Ihrer aristokratischen Herkunft zum Trotz wird sie lange Jahre in wilder Ehe mit dem Sohn eines Chauffeurs leben.

Wie eine Prinzessin gekleidet und über alle Maßen verwöhnt, wächst sie in einem Haushalt von Frauen auf. Vielleicht als Gegenentwurf zu diesem femininen Umfeld entwickelt sie sich zu einem echten „Lausbuben". Sie spielt mit den slowenischen Nachbarskindern unten am Fluss und klettert auf Bäume. Man sagt ihr ein ungestümes und willensstarkes Wesen nach, das sich von den aristokratischen Gepflogenheiten unbeeindruckt zeigt.

Im Alter von vier Jahren schlägt das Schicksal brutal zu: Lydushka stürzt von der Treppe, bricht sich das Bein und wird fortan an den Folgen dieses Unfalles zu leiden haben. Sie entwickelt sich zu einer Kämpfernatur. Ungeachtet der Schmerzen im Bein gilt ihre Liebe nach wie vor dem Reitsport, die letzte und einzige Verbindung zum Vater, der irgendwann aus ihrem Leben verschwand. Die Fotografie im schlichten Rahmen ist die einzige Spur, die heute

> Man sagte Lydushka ein ungestümes Wesen nach, das sich von aristokratischen Gepflogenheiten unbeeindruckt zeigt.

noch zu ihm führt. Hätte er es nicht verdient gehabt, in Öl gemalt zu werden, so wie andere Familienmitglieder? Nein, denn seinen Platz im Herzen der Tochter hat längst schon ein anderer eingenommen, dessen lebensgroßes Porträt vor dem Hintergrund der terrakottafarbenen Wände in der Eingangshalle regelrecht strahlt. Der Ausdruck in seinem Gesicht ist der eines glücklichen Mannes. Er zeugt von gesichertem Wohlstand und verfeinertem Lebensstil, wirkt weltmännisch, jovial und liebenswürdig.

Paolo Dolfin Baldù, so sein Name, war ein verwitweter venezianischer Adeliger aus der Dogenfamilie, er heiratete 1928 Lydushkas Tante Norina. Kam er von seinem Wohnsitz in der Nähe von Bassano zu Besuch, reiste er mit dem Auto an. Das darf nicht unerwähnt bleiben, da der Wagen von einem Chauffeur gelenkt wurde. Dessen Sohn Nanni, der vier Jahre jünger ist als Lydushka, wurde zu ihrem bevorzugtem Spielgefährten, und wir ahnen natürlich, was jetzt kommt. Onkel und Tante ahnten es auch, packten das Mädchen und verfrachteten es auf einen Luxusdampfer, der nach tagelanger Fahrt in Mombasa anlegte. Für viele in Europa, nicht nur für Karen Blixen, die dänische Bestsellerautorin, war Kenia ein irdisches Paradies. Paolo und Norina hatten vom XIII. Earl of Errol ein Anwesen ersteigert und mischten sich unter die Plantagenbesitzer. „Slains", ihre Farm, lag in Happy Valley, auf dem Wanjohi-Plateau, 2.400 Meter über dem Meer. Die üppige Natur, die exotischen Tiere, die Wasserfälle und Seen, die grenzenlosen Landschaften übten einen starken Eindruck auf Lydushka aus. Die Dreizehnjährige reitet, erkundet die Gegend und beherrscht bald schon ein paar Brocken Suaheli. Von nun an ist ihr ganzes Leben von Aufbruch und Rückkehr bestimmt. Die Winter verbringt sie im Hochland von Kenia, die Sommer am Ufer des Isonzo, in den lichtdurchfluteten, gut durchlüfteten Räumen der Villa de Nordis.

Verläuft das Leben einige Jahre lang ruhig wie der träge dahinfließende Fluss Tana in Kenia, überstürzen sich nach Ende des Zweiten Weltkrieges die Ereignisse. Görz samt Umland wird zwischen Italien und Jugoslawien aufgeteilt. Auch quer durch viele Landgüter verläuft die willkürlich gezogene Grenze. Das Anwesen in der Via degli Scogli sollte 1947 Jugoslawien zufallen, und was das bedeutete, konnte sich die nunmehr 26-jährige Lydushka sehr gut vorstellen. Sicher hatte es sich herumgesprochen, dass Tito in seiner sozialistischen Republik Verstaatlichungen durchführte und auch Privatbesitz nicht verschont blieb. Die junge Contessa zögert nicht lange und trifft Entscheidungen.

Wie es ihr schließlich gelang, den Verlauf der Grundstücksgrenze so zu verändern, dass es sich weiterhin in Italien befand, liest sich wie ein Thriller vor dem Hintergrund des Kalten Krieges. Einige Theorien besagen, es seien ihre in Happy Valley geschlossenen Bekanntschaften gewesen, die ihr dabei halfen, dieses diplomatische Kunststück zu vollführen, andere behaupten, sie habe als exzellente Reiterin bei Veranstaltungen Freundschaften zu hohen Militärs unter den Alliierten knüpfen können. Eine dritte Version bringt

Dwight David „Ike" Eisenhower, den künftigen Präsidenten der Vereinigten Staaten, ins Spiel, der während seiner kurzen Reise zur Truppen-Inspektion offenbar in der Villa de Nordis zu Gast war.

Das Gästebuch der Tante Norina jedenfalls belegt, dass es zahlreiche Festivitäten gegeben hat, bei denen auch ein Bill, ein Bob und ein Ike anwesend waren. Ein Foto zeigt Lydushka mit Sarah Churchill, der dritten Tochter von Sir Winston. Sie war Schauspielerin, die beiden Frauen kannten sich aus Kenia. Ob sie bei ihrem Vater interveniert hat? Möglich. Das Unglück jedenfalls wurde abgewendet, der Eingang verlegt. Doch jahrzehntelang bildete die Grundstücksmauer die Staatsgrenze, patrouillierten Soldaten vor den Toren der Villa. Erst zwei Jahre vor dem Tod der Contessa, als Slowenien der EU beitrat, änderte sich das.

Heute erinnert ein Grenzstein an diese Zeit. Hausherr Romano Facca zeigt ihn immer seinen Gästen, er führt Besucherinnen und Besucher auch zu dem Gartentor am Seiteneingang zum Park, wo die erste Begegnung von Lydushkas Eltern stattfand. Nach fast 20 Jahren ist er immer noch nicht ganz in die Rolle des Villenbesitzers hineingewachsen, sieht seine Aufgabe mehr in der Erhaltung als in der Repräsentation. Lydushkas Räume zu bewohnen kam für ihn nicht in Frage. Er will nach und nach alles in Stand setzen. Möglichst wenig eingreifen, er legt überall selbst Hand an, um sicher zu gehen, dass kein Stilbruch passiert. An den Wänden der Eingangshalle prangen Erinnerungsstücke aus Afrika. Jagdtrophäen, Speere und ein Schutzschild. Der Huf eines Zebras dient als Fuß für einen Lampenschirm. Nicht ganz politically correct, findet Chiara, Romanos Tochter.

Hier scheint die Zeit stehengeblieben

Lydushkas Afrika-Erfahrungen stammen eben noch aus einer anderen Zeit. Doch als sie den Besitz in Kenia, den ihr Onkel ihr vererbte, übernimmt, kündigt sich das Ende der Kolonialwirtschaft bereits an, die weißen Großgrundbesitzer müssen sich zurückziehen oder werden im Mau-Mau-Krieg durch die indigene Land and Freedom Army gewaltsam vertrieben. Dramatische Ereignisse, von denen Lydushka oft und immer wieder erzählen wird.

Doch zunächst verwaltet sie ihren Besitz in Kenia. Bis zur Verstaatlichung der Hochlandgebiete und der Unabhängigkeitserklärung im Jahr 1963 bleiben ihr etwas mehr als zehn Jahre. Wie Karen Blixen kämpft sie mit vollem Einsatz um den Fortbestand der Farm. An ihrer Seite: Nanni, der Freund aus Kindertagen. Er ist jünger als sie und gehört nicht der gleichen sozialen Schicht an wie sie.

Durchaus möglich, dass in den snobistischen Kreisen der Plantagenbesitzer über ihn gemunkelt wurde. Neben der strahlenden Lydushka jedenfalls machte er eine gute Figur, er erlernte das Reiten und trat in Gesellschaft auf wie ein Lord.

Die beiden geben sich am 6. April 1963 im Rathaus von Kipipiri das Ja-Wort. Ein Happy End, könnte man meinen. Doch ein paar Jahre später, im Sommer 1970, ereignet sich erneut ein tragischer Unfall. Das Paar will gemeinsam mit Freunden nach Duino ans Meer fahren und ein Ruderboot mieten. Als das Auto in der Nähe von Latisana mit hoher Geschwindigkeit einen Wagen überholt, platzt ein Reifen. Es kommt zum Zusammenstoß. Nanni und der andere Lenker sterben noch am Unfallort. Lydushka trägt schwere Verletzungen davon.

Es werden 36 sehr lange Jahre vergehen, berichtet ihre Biografin Anna Cecchini, in denen Lydushka ihr Leben scheinbar genauso weiterführt wie zuvor, obwohl nichts mehr so ist, wie es einmal war. Ihr Bein quält sie, aber sie wird nie aufhören, ihr Pferd zu reiten, bis zum Schluss, und mit Zähnen und Klauen an diesem letzten, großen Vergnügen festhalten. Genauso wie an den Sonntagen mit Tante Norina, wenn sie gemeinsam zur Messe in Sant'Zio gehen und danach auf der Terrasse ihren Aperitif einnehmen. Ein liebgewonnenes Ritual. Doch sobald in der Heimat die Kälte naht, wird sie wieder nach Nairobi aufbrechen.

Für die Zeit ihrer Abwesenheit trifft sie Vorkehrungen. Sie sucht jemanden, dem sie das Haus, den Garten, die Pferde anvertrauen kann. In Romano Facca, den Freunde ihr 1990 vorstellen, findet sie den idealen Kandidaten. Der junge Mann kümmert sich nicht nur um die Tiere und die Pflanzen, er hämmert und sägt, bessert Fliesen aus, flickt den Motor des Traktors, repariert Parkettböden. Ihm war die Rolle des Hausverwalters zugedacht, doch im Laufe der Jahre wird er immer mehr zum Vertrauten. Er weiß Dinge, von denen die Biografin nichts weiß. Lässt Lydushka vor unseren Augen lebendig werden, wie sie, bereits als alte Dame, zur Flinte greift, um die von Jägern unabsichtlich abgefeuerten Schüsse zu erwidern, oder wie sie mit Nachdruck darauf besteht, dass ihr Pferd miteingeschifft wird, um sie nach Kenia zu begleiten. Romano ist dreißig Jahre alt, als er beginnt, sich um die Villa de Nordis zu kümmern, und er gerät voll in den Bann der Contessa, nimmt bei ihr Reitstunden, um sie bei ihren Ausritten ans Ufer des Isonzo begleiten zu können. Als sie im August 2006 in Nairobi stirbt, ist er es, der ihre Asche nach Italien überführt.

Die Testamentseröffnung ist ein Schock für Romano. Dass er als Erbe vorgesehen ist, kam völlig unerwartet. Lydushka hatte nie mit ihm darüber gesprochen. Erst allmählich begriff er den versteckten Sinn dahinter, die Botschaft, das Vermächtnis der Contessa: Chiara, seine Tochter, war damals drei Jahre alt, in ihr erkannte sie sich wieder, sie sollte in dem großen Haus und dem riesigen Park eine unbeschwerte Kindheit erleben – so wie sie selbst seinerzeit.

# Die Villa de Nordis und das Umland

## Villa de Nordis

Die Villa der Gräfin Lyduska de Nordis Hornik liegt am nordöstlichen Rand von Gorizia, in der Nähe des Isonzo, direkt an der Grenze zu Slowenien. Die Radroute FV5 Ciclovia Isonzo führt daran vorbei. Startpunkt ist die Piazza Transalpina, der Platz vor dem Bahnhof von Gorizia.

Radrouten unter www.turismofvg.it/de

Anmeldung: Für einen Besuch der Villa melden Sie sich beim jetzigen Besitzer Romano Facca an, der viele Geschichten zu erzählen hat.

Romano Facca
Via degli Scogli 70
Tel.: +39 328 4746281

## Agriturismo Brumat

Der Radicchio rosso, die „Rose von Gorizia", ist die Spezialität des Hauses. Im Jänner werden mehrgängige Menüs angeboten. Aber auch die anderen Köstlichkeiten, die hier auf den Tisch kommen, sind einen Abstecher wert.

Via del Monte Santo 133

www.facebook.com/AgriturismoBrumat

## Monte Santo/ Sveta Gora

Mit seinen fast siebenhundert Metern überragt der „Heilige Berg" fast alles in der Gegend. Der Blick vom Gipfel ist eindrucksvoll, sehr schön zu sehen sind beide Städte Gorizia und Nova Gorica sowie der Isonzo. Die Kirche Santuario del montesanto wurde mehrmals abgerissen und wieder aufgebaut; die heutige Version aus dem Jahr 1928 ist der Basilika von Aquileia nachempfunden. Auf dem kleinen Friedhof mit Blick bis zum Meer liegt Lydushka de Nordis Hornik neben ihrem Großvater begraben.

Via Sveta Gora 2

www.svetagora.si

## Literatur

Anna Cecchini: Lyduska. La vita tra due mondi della Contessa die Salcano. MGS Press, Trieste 2023

Der Monte Santo – Pilgerstätte in der Monarchie, heute ein Ausflugsziel

# Am Weg des Friedens

**Auf den Spuren des Krieges, die in den Schützengräben und unterirdischen Gängen des Berges Sabotin bis heute sichtbar sind.**

Zwei gutaussehende Rotkreuzschwestern schälen Kartoffeln, ein junger Mann in grauer Felduniform rührt in einem Kupferkessel am offenen Feuer das Gulasch um. „Offiziersküche 2. Kompanie" steht auf Deutsch über dem Holzverhau im Hintergrund. Nein, wir befinden uns nicht auf einem Filmset, sondern in der Ošterija Žogica, einem Wirtshaus am Ufer der Soča.

„Die Szene, auf einem Foto festgehalten, entstand anlässlich des 100. Jahrestages des Ersten Weltkriegs", erzählt der Wirt lachend. „Damals waren wir noch jung, die beiden – das sind meine Frau und meine Schwester – und der da an der Gulaschkanone – das ist mein Schwager. Eine Woche lang haben wir so gekocht wie im Feld, frei nach dem ‚Menagereindl', mit Rezepten der 22 Nationen, die auf Seiten Österreich-Ungarns an den Kämpfen teilgenommen haben."

Bis heute finden sich Grenadiermarsch, Semmelknödel und Apfelstrudel auf der Karte der heimeligen Ošterija. Auch die Aufschrift über der Blockhütte ist erhalten geblieben. Niemand scheint sich daran zu stoßen, selbst die italienischen Gäste nicht. Alles, was im kulinarischen Reich der Familie Šuligoj-Golob geschieht, geschieht mit einem Augenzwinkern und bringt Hungrige, egal welcher Herkunft, in gute Laune.

Das erklärt, warum Maša Klavora, Direktorin der Fundacija Poti miru, einer Stiftung zur Bewahrung des immateriellen und materiellen Erbes aus dem Ersten Weltkrieg, uns hier zu einem Rendezvous gebeten hat. Sie hat sich einen Tag frei genommen und wird uns auf unserer Wanderung auf den Berg Sabotin begleiten. Noch ist es früh am Morgen und wir haben Zeit. Maša erzählt von ihrer Arbeit. Sie leitet ein siebenköpfiges Team in Kobarid, das die Zusammenarbeit von Gemeinden, NGOs, Museen und mehr koordiniert. Es ist ein großes Netzwerk. Herausfordernd!

Der Abschnitt am Isonzo war 90 Kilometer lang und Teil der Südwestfront, die vom Stilfser Joch am Dreiländereck Schweiz/Österreich/Italien über Tirol, die Dolomiten, die Karnischen Alpen, das obere Soča-Tal, die Region von Görz und den Karst bis zur Adria reichte, erzählt sie. Die Idee, dass „diese Wege, die uns einst trennten, uns heute verbinden könnten", stamme von dem Kärntner Walther Schaumann. Um die Frontlinien zusammenzuführen, gründete er 1973 den Verein Dolomitenfreunde. Ein kleines Privatmuseum in Kötschach-Mauthen dokumentiert die beachtenswerte Initiative. „Doch von da bis zum heutigen Tag, wo wir EU-Förderungen erhalten und überregional beziehungsweise länderübergreifend arbeiten, war es ein langer Weg. Fünfzig Jahre!"

Zu den Dolomiten kamen am „Weg des Friedens" nach und nach andere Regionen in Italien hinzu: Veneto, Venezia Giulia. Auf slowenischer Seite folgte das Soča-Tal. Doch alles blieb auf die regionale Ebene beschränkt. Mit der Eröffnung des Museums in Kobarid erreichte man erstmals die breite Öffentlichkeit. Hunderttausende besuchten es im ersten Jahr. Am oberen Flusslauf der Soča entstand daraufhin 2007 ein Netzwerk von Freilichtmuseen, die im Verlauf einer Wanderung oder einer Bike-Tour besichtigt werden können. Dieser pot miru (dt. Weg des Friedens) stellte eine Verbindung dar zu dem bereits bestehenden Sabotin – Park des Friedens – im unteren Soča-Tal und zu dem Sentieri di pace auf italienischer Seite. Aber immer noch, betont Maša, arbeitete jede Gemeinde, jede Region nur für sich. Erst in den letzten 15 Jahren gelang es – dank der Stiftung Walk of Peace Foundation –, alle

Der Weg auf den Monte Sabotino folgt einem alten Eselspfad

Initiativen miteinander zu vernetzen. Das Ergebnis: ein über 500 Kilometer langer Weitwanderweg, der in 30 Tagesetappen zurückgelegt werden kann.

Unsere heutige Tour entspricht in etwa der Etappe No. 7 und gehört zu den reizvollsten. Gleich am Anfang führt der Weg uns vorbei an der spektakulären Solkan-Brücke. Sie wird oft mit dem Eiffelturm verglichen: die gleiche Eleganz, die gleiche Leichtigkeit, nur auf horizontaler statt auf vertikaler Ebene. Mit dem größten Steinbogen der Welt ist sie ein beeindruckendes Denkmal österreichischer Ingenieurskunst: Den Entwurf schuf Rudolf Jaussner, die Bauleitung übernahm Leopold Örley. Die Durchführung oblag der Wiener Baufirma Redlich und Berger, die die Arbeiten nach nur zwei Jahren 1905 abschloss. Der Muschelkalk wurde aus dem 40 Kilometer entfernten Aurisina herbeigeschafft, daraus haben die Arbeiter 4.533 quadratische Steinblöcke gefräst, die in etwas mehr als zwei Wochen zusammengefügt wurden. Als Stütze verwendete man ein Holzgerüst, und als dieses entfernt wurde, ist die Konstruktion um nur sechs Millimeter zusammengesunken. Präzisionsarbeit ganz ohne Computer! In der Nacht vom 8. auf den 9. August 1916 zerstörte eine Sprengladung Dynamit – gezündet von der österreichisch-ungarischen Armee auf ihrem Rückzug – das schöne Bauwerk. Die Version davon, die wir heute sehen, geht auf die von Italien zwischen 1925 und 1927 durchgeführte Restaurierung zurück. Wie durch ein Wunder hat sie sechs Luftangriffen im Zweiten Weltkrieg standgehalten.

Wir biegen ab. Mit seinen 609 Metern ist der Sabotin eigentlich kein Berg, eher ein langgestreckter Gebirgszug an der Schnittstelle zweier Länder, bewaldet und grün. Sein Äußeres wirkt lieblich, sein ausgehöhltes Inneres trägt die Narben des Krieges.

Maša kommt öfters herauf, mit Hund oder alleine. Im Mai blüht leuchtend gelb der Ginster, ein schöner Kontrast zum Blau des

> Alles scheint aufgeladen mit Bedeutung.

Himmels. Im Hochsommer kann es mitunter sehr heiß werden, im Herbst weht stürmischer Wind, erzählt sie.

Für den Aufstieg wählen wir die Nordroute. Sie ist weniger frequentiert als die Südroute und nicht wirklich schwierig, meint Maša, aber doch anspruchsvoll genug, sodass einem nicht langweilig wird. Wir folgen der Markierung – Schilder mit der Aufschrift „Severni pot" oder auf den Fels aufgemalte rote Kreise.

Der Weg steigt langsam an. Stille breitet sich aus. Die Schönheit der Landschaft – der Ausblick, die Blumen, die Vogelstimmen – steht im Widerstreit zur wechselhaften Geschichte des Ortes. Alles scheint aufgeladen mit Bedeutung.

Es wird immer heißer entlang des alten Maultierpfades, über den einst Verpflegung, Munition und Wasser transportiert wurden. Immer wieder wandern unsere Gedanken zu den Soldaten. Die Vorstellung, dass zwölf blutige Schlachten kaum einen Gebietsgewinn brachten, tut weh, führt die Sinnlosigkeit des Krieges vor Augen.

Wir kommen zu einem schönen Aussichtspunkt mit einer Bank. Unten schlängelt sich die smaragdgrüne Soča. Sie wird oft mit einem weiblichen Wesen verglichen. An ihrer Quelle nahe der Ortschaft Trenta ist sie noch schüchtern und verhältnismäßig ruhig, später wird sie ungestüm, legt an Tempo zu, dann verlangsamt sie wieder ihren Lauf und bewegt sich bedächtig auf das Meer zu. In Italien ist der Fluss männlich und wird mit dem Attribut sacro (dt. heilig) bedacht. Aufgrund der blutigen Schlachten, deren Zeuge er war.

Das türkisfarbene Band verbindet. Es hat starken Symbolcharakter. Ist Sinnbild für „Go borderless!", das Motto – und zugleich Programm – der Kulturhauptstadt 2025. „Könnte es sein, dass auch

Ein unterirdisches Stollensystem durchzieht den Berg

Am Weg des Friedens

Vom Berg Sabotin eröffnet sich ein faszinierender Ausblick auf das Soča-Tal

die Farbe des Logos den Fluss heraufbeschwört?", frage ich Maša. Sie nickt und fasst zusammen, was geschah, seit bekannt wurde, dass Nova Gorica und Gorizia den Zuschlag erhalten haben.

„Als die Entscheidung in Brüssel fiel, wussten wir: Jetzt müssen wir mit den Italienern zusammenarbeiten", erinnert sie sich. „Und siehe da, es hat funktioniert. In Kürze haben wir eine App entwickelt, buchbare Packages geschnürt, Guides ausgebildet." Unter dem Motto „Go for Peace" ist in den nächsten Jahren zudem eine Erweiterung des Friedensweges unter Einbeziehung der Ukraine geplant.

Überall unverwischbare Spuren. Selbst die Steinstufen, über die wir jetzt gehen, legen Zeugnis von den Strapazen und Leistungen der einfachen Frontsoldaten ab. Die üppige Vegetation schafft es nicht, alle Wunden zu überdecken. Am 23. Mai 1915 erklärte Italien Österreich-Ungarn den Krieg. Die Armee unter Feldmarschall Borojević hatte nur wenige Wochen, um sich auf die Angriffe vorzubereiten. Nach und nach errichtete sie das vier Kilometer lange, unterirdische Stollensystem im Berg, das bis heute erhalten geblieben ist. Der Sabotin nahm deshalb eine strategisch so wichtige Funktion ein, weil er der Verteidigung des damals habsburgischen Görz, heute Gorizia, diente. Als er während der 6. Schlacht am Isonzo im August 1916 fiel, fiel auch die Stadt.

Mittlerweile ist der Weg kaum noch zu erkennen. Wir müssen über Felsbrocken steigen, auf Trittsicherheit achten. Dann breiten sich wieder in Stein gehauene Stufen vor uns aus, die wir keuchend hinaufsteigen. Oben angekommen, sehen wir den Eingang zu den Höhlen. Sie sind verschlossen.

Wir folgen weiter der Beschilderung und erreichen bald schon die Berghütte. Da die Grenze zwischen Slowenien und Italien ent-

Rastplatz kurz vor dem Gipfel

In den Stein gehauen – Wege durchs Dickicht

lang des gesamten Sabotin-Kamms verläuft, diente sie früher als Kaserne für die jugoslawische Armee.

Bogdan, unser Guide, begrüßt uns mit einem kräftigen Händedruck. Zu Beginn der Führung macht er uns mit dem Panorama vertraut: Da die Dolomiten, dort die Julischen Alpen, dazwischen das Hügelland der Goriška Brda und am Horizont – die Adria.

Wir betreten die Höhle, die einem dunklen Verlies gleicht. „Immer nur ein Teil der Soldaten hat unten am Fluss gekämpft", erklärt Bogdan. Der Rest war hier heroben stationiert. 600 Mann hausten gemeinsam mit 30 Maultieren auf sechs Ebenen im Inneren des Berges. Sie schliefen in Stockbetten auf Stroh, wurden von Läusen geplagt, hatten nicht ausreichend Wasser zu trinken und litten oft an Hunger. Es waren durchwegs junge Männer, die unter diesen extremen Bedingungen ausharrten, kämpften und ihre Träume dahinschwinden sahen. Das Kaverneninnere war mit Holz verkleidet, vor den Eingängen befanden sich Baracken. Verpflegung und Munition wurden aus dem Soča-Tal mittels einer Seilbahn heraufgeschafft.

„Als der Sabotin 1916 fiel", erzählt Bogdan weiter, zogen sich die österreichisch-ungarischen Einheiten ans Ostufer der Soča zurück und die Italiener übernahmen die Stellungen auf dem Berg. Sie passten die Höhlen ihren Bedürfnissen an und stationierten hier Kanonen, mit denen sie die feindlichen Stellungen im Tal beschossen. Schätzungen zufolge starben in den Jahren 1915 bis 1917 hier 300.000 Soldaten. Die meisten fielen am Berg St. Gabriel (ital. San Gabriele, slow. Škabrijel), erklärt Bogdan.

Ein Lichtstreifen am Ende des Tunnels kündigt den Ausgang an. Was für ein Ausblick! Jedes Mal, wenn die Soldaten aus der Höhle ins Freie getreten sind, müssen sie – stärker denn je – den Wunsch nach Frieden gespürt haben.

Im Anschluss an die Höhle zeigt Bogdan uns das Quartier der Offiziere, zu dem auch eine in den Stein eingelassene Badewanne gehört. 2000 Liter Wasser – aus dem Tal mit Maultieren und mittels einer Drahtseilbahn heraufgeschafft – waren notwendig, um sie zu befüllen. Auch was die Verpflegung betrifft, ließen die Offiziere es sich an nichts fehlen. Täglich gab es Fleisch mit verschiedenen Beilagen, zum Nachtisch Kompott oder ein Stück Kuchen und danach eine Ration Zigaretten. Abends dann Cognac oder Rum. Für die gewöhnlichen Soldaten gab's Suppe aus der Gulaschkanone.

Am Weg des Friedens

# Orte der Erinnerung

## Der Weg des Friedens

Der Weitwanderweg „Weg des Friedens" (slow. pot miru, ital. Sentiero della Pace), ist der berühmteste Themenweg in Europa. Wegen seiner Mission und seiner Hommage an den Frieden wurde er auf der Vorschlagsliste für das UNESCO-Welterbe eingetragen. Zu sehen sind über 300 Denkmäler entlang eines einzigartigen, über 500 Kilometer langen Weges von den Alpen bis zur Adria.

www.potmiru.si

www.turismofvg.it/de/walk-of-peace

## Wanderung auf den Berg Sabotin

Mit dem Pkw oder dem Stadtbus von Nova Gorica zum Parkplatz vor der Brücke für den Autoverkehr. Ab hier stehen zwei Varianten zur Auswahl: die Nordroute und die Südroute. Gern wird auch ein Rundkurs gewählt, von Norden hinauf, und dann in den Süden hinunter. Beide Wege sind gut markiert. Gehzeit: drei Stunden. Ausrüstung: Schuhe mit Gummiprofil, evtl. Stirnlampe, Wanderstöcke. Am Gipfel wurde im ehemaligen Grenzposten der jugoslawischen Armee ein Besucherzentrum mit Multimedia-Museum, Infopunkt, Snackbar und Shop eingerichtet. Die große Höhle des Berges Sabotin kann nur in Begleitung eines Führers besichtigt werden.

Bogdan Potokar
Tel.: +386 (0)40 253 234
potokar@siol.net
bogdan.potokar@siol.net

www.visitsabotin.si/en/open-air-museum

## Ošterija Žogica

Gemütliches, uriges Gasthaus, das von zwei Familien mit viel Engagement geführt wird und der k. u. k. Küche ein würdiges Denkmal setzt.

Soška cesta 52

www.sesezogica.si

## Brücken über die Soča

Drei Brücken spannen im Stadtteil Solkan ihren Bogen über das türkisgrüne Wasser. Die älteste von ihnen dient der Bahnverbindung und ist ein Meisterwerk der Ingenieurskunst aus dem Jahr 1906. Die später errichtete Brücke für den Autoverkehr führt von Nova Gorica ins Weinland Goriška Brda. Die 2022 eröffnete Passerella ciclopedonale für Fußgänger und Radfahrer ist Ausgangspunkt für Ausflüge im Grenzgebiet mit Anschluss an das lokale Radwegenetz. In unmittelbarer Nähe befindet sich ein Soldatenfriedhof für die Gefallenen der ersten sechs Isonzoschlachten.

## Bar Čolnarna

In diesem „Bootshaus", wie die Übersetzung ins Deutsche heißt, sitzt man direkt am Wasser und kann das Geschehen am, im und über dem Fluss bei Burger, Bier & Cocktails mitverfolgen.

Pot na breg 11
Solkan

www.facebook.com/Colnarna-Solkan

## Sacrario Redipuglia

Die größte italienische Gedenkstätte und eine der größten in Europa hält die Erinnerung an mehr als 100.000 gefallene Soldaten des Ersten Weltkriegs wach.

Via III° Armata 27
Fogliano Redipuglia

## Museo della Grande Guerra

Der Schwerpunkt liegt auf den Ereignissen an der Isonzofront. Darüber hinaus wird die Situation in Görz dokumentiert, einer Stadt am Rande der Schützengräben, die von Bombenangriffen schwer gezeichnet, aber von ihren Bewohnern nie ganz verlassen wurde.

Borgo Castello 13
Gorizia

www.museiprovincialigorizia.regione.fvg.it

## Sacrario Militare di Oslavia

Monumentales, festungsartiges Bauwerk in Oslavia, einem kleinen Ort am Rand Gorizias, 1938 errichtet als Grabstätte für Gefallene der italienischen und der österreichisch-ungarischen Armee.

Località Ossario
Gorizia

www.turismofvg.it/de/erste-weltkrieg

## Denkmal auf dem Berg Cerje

Ein siebenstöckiger Turm, der Besuchern einen Streifzug durch die verschiedenen Epochen der slowenischen Geschichte und einen beeindruckenden Rundblick über das Vipavatal und die Karst-Hochebene ermöglicht, steht auf dem Berg Cerje. Das Denkmal liegt inmitten der Natur, zahlreiche Wander-und Fahrradwege durchziehen das Umland. Auch der Weg des Friedens führt hier vorbei.

www.mirenkras.si

## Literaturtipp

Unter dem Titel „A Farewell to Arms" (dt. „In einem anderen Land"), 1929 erschienen, zeichnet Ernest Hemingways weltberühmter Roman ein Bild von Görz im Ersten Weltkrieg. Dabei geht es weniger um Kampfhandlungen als um die Liebesgeschichte des Erzählers mit einer britischen Krankenschwester.

Die drei Brücken über die Soča – für Bahn, PKW und Rad

Orte der Erinnerung

# Eine Fahrt mit der Wocheinerbahn

Täler, Brücken, Tunnels, glasklare Flüsse: Zwischen Jesenice und Nova Gorica liegt eine der schönsten Bahnstrecken Europas.

Bahnhöfe sind wie Visitenkarten der Orte, die sie ankündigen. Jener von Jesenice trägt mit seiner weißen Marmorverkleidung und den sechseckigen Fenstern einen kühnen Mid-century-Look zur Schau, ungewöhnlich markant für eine 13.000 Einwohner-Stadt. Sein Gegenstück in Nova Gorica wird meist als „Jugendstiljuwel" beschrieben. Was die beiden so unterschiedlichen Bauwerke – sozialistischer Realismus da, Wiener Secessionismus dort – bis heute verbindet, sind die 89 Kilometer an Gleisen, die in einer technischen Meisterleistung um 1900 verlegt wurden.

Die Aufgabe, der sich die Eisenbahnpioniere der Habsburger Monarchie damals gegenübersahen, bestand darin, die Alpen ein zweites Mal zu überwinden. Ein paar Jahrzehnte zuvor war die Südbahn eröffnet worden, und nun pochten die nördlichen Kronländer – Böhmen, Mähren und Oberösterreich – darauf, ebenfalls mit Triest verbunden zu werden, ohne den Umweg über Wien nehmen zu müssen. Die Hafenstadt war damals das Tor zur Welt. Man erwartete sich einen gewaltigen wirtschaftlichen Aufschwung. 30 Jahre vergingen, bis die ideale Trasse gefunden war. Zu den großen Herausforderungen zählten nicht nur die 28 Tunnels, darunter der Wocheiner Tunnel unter dem 1.498 Meter hohen Berg Kobla, sondern auch die Viadukte und natürlich die spektakuläre Brücke über die Soča, das Wahrzeichen der Strecke.

Die Wocheinerbahn, italienisch Ferrovia Transalpina und slowenisch Bohinjska Proga, steht der Semmeringbahn in nichts nach. Sie gehört zu den schönsten Eisenbahnstrecken Europas und könnte demnächst ebenfalls in die Liste der UNESCO-Welterbestätten aufgenommen werden. Diesbezügliche Anträge wurden bereits gestellt. Die Erwartungen sind groß. Mit handgeschriebenen Feel-Good-Botschaften an den Wänden und zwei Kellnerinnen, die sich meisterhaft darauf verstehen, Herzen auf den Cappuccino-Schaum zu zaubern, hebt sich das Bahnhofscafé von Jesenice jedenfalls heute schon von allen tristen Lokalitäten an Bahnhöfen ab. Bis zur Abfahrt sind es noch 20 Minuten. Der Ansturm an Fahrgästen hält sich in Grenzen.

Ganz anders als am 19. Juli 1906, als der Thronfolger hier zur Jungfernfahrt eintraf. Da drängte sich eine Menschenmenge, Marschmusik ertönte, Fahnen wehten und Girlanden zierten den Dachvorsprung. „Möge der neue Schienenweg mit Hilfe Gottes dem Lande Krain und seiner Bevölkerung förderlich sein", soll Franz Ferdinand auf Slowenisch gesagt und dann das Wort an den k. u. k. Eisenbahnminister erteilt haben, der von einer der größten Errungenschaften der österreichisch-ungarischen Ingenieurskunst zu sprechen begann.

Imposante Bergwelt im Nationalpark Triglav

Es ist Zeit einzusteigen. Mit uns geht eine koreanische Familie Richtung Bahnsteig 2. Die erwachsene Tochter läuft aufgeregt hin und her, um in Erfahrung zu bringen, ob der Zug, der dort wartet, auch der richtige ist. Wahrscheinlich hatte sie einen Oldtimer erwartet. Und sich auf die Faszination einer Reise mit der Dampflok gefreut. Und jetzt muss sie erfahren, dass der Museumszug 2024 eingestellt wurde! Unser Modell hat wenig Nostalgisches an sich. Ein roter Teufel, über und über mit Graffiti übersät. Dieselbetrieben. Enttäuschend? Nein!

Die Waggons sind fast leer, und einen Fensterplatz zu ergattern, stellt kein Problem dar. Wir machen es uns bequem. Die Oberlichten sind geöffnet und der Fahrtwind dringt ins Abteil. Ein Schaffner in blauer Uniform erscheint und kontrolliert unsere E-Tickets.

Eines gleich vorweg: Von den technischen Besonderheiten bekommt man als Mitreisender nicht viel mit, weil der Zug ja über Brücken und Viadukte hinweggleitet. Dafür entschädigt die Schönheit der Landschaft, die sich bei dieser Fahrt durch drei Flusstäler offenbart. Den Anfang macht die Sava Bohinjka, die wir wie von einer Empore aus entdecken, und auf der, klein wie Spielbälle auf dem kristallklaren Wasser, die behelmten Köpfe von Kajakfahrern zu erkennen sind.

Bei der Station Podhom blitzt kurz die Silhouette einer Burg auf, wir sehen friedlich grasende Pferde auf einer Wiese vor dem Hintergrund der Karawanken. Ein Schild kündigt Bled an. Wir rollen weiter Richtung Süden.

Und da ist es dann auch schon, das idyllische Bled, einst gepriesen als schönster Alpenkurort der ganzen Monarchie. Berühmt für seine Cremeschnitten und die Sage vom Glöcklein, das in den Tiefen des Bleder Sees versunken liegt und in ruhigen, klaren Nächten manchmal erklingt. Zum ersten Mal kommt ein Gefühl von Nostalgie auf, ausgelöst durch das alte Bahnhofsgebäude. Wer hier wohl aller schon seinen Koffer abgestellt hat?

Das Kirchlein auf der Insel – Wahrzeichen von Bled

Der Bahnhof von
Bohinjska Bistrica

> Grün,
> nichts
> als Grün,
> Tannen-
> wälder, da
> und dort
> aufragende
> Felsen.

Bled Jezero, so der Name der Station. Eine Familie steigt ein, gefolgt von einem älteren Ehepaar. Dann setzt der Zug sich wieder in Bewegung, wir streifen mit dem Blick ein Hotelgebäude der Belle Époque und sehen dahinter noch einmal den See funkeln, auch die kleine Insel Blejski Otok mit ihrem Kirchlein ist gut zu erkennen. Angenehm schmiegt sich die Bahn in die Landschaft, Wanderwege kreuzen die Bahnstrecke. Rundum Grün, nichts als Grün. Wiesen, Tannenwälder, da und dort aufragende Felsen.

Wir haben die Liste der Stationen immer vor Augen und wissen, dass als nächstes Bohinska Bela folgt. Der Ort liegt am linken Ufer der Save, südwestlich von Bled. Der Zug beschleunigt jetzt, wir schweben über dem Tal, auf einer in den Hang hineingeschnittenen Trasse. Ist das der Triglav, der da von weitem grüßt? Der mythische dreiköpfige Dreitausender? In jedem Fall ist es ein imposantes Gebirge. Schneebedeckt und wolkenumhangen. In Bohinska Bela das gleiche Szenario wie überall: Der Zug fährt in die Station ein, Passagiere – meist Schülerinnen und Schüler – steigen aus, der Fahrdienstleiter tritt hervor, zieht die Trillerpfeife, schwenkt den Befehlsstab, und der rote Teufel setzt sich wieder in Bewegung.

Auf den Gleisen wachsen gelbe Blumen und Moos. Die berühmte, einst an das internationale Bahnnetz angeschlossene Transalpina fristet ein Dasein als Nebenbahn, das ist unschwer zu erkennen. Einige Passagiere stehen auf und begeben sich in den letzten Waggon, wo die Fahrräder aufgefädelt hängen, lehnen sich zum Fenster hinaus und filmen die Einfahrt in den nächsten Tunnel.

Er ist so lang, dass es einem vorkommt, als wäre es plötzlich Nacht. Es bleibt nichts anderes zu tun als zu warten und sich auszumalen, was einen am anderen Ende erwartet. Ein Wasserfall? Eine Schlucht? Eine Ruine? Nein. Das gleiche Patchwork aus Blumenwiesen, Wäldern, Felswänden wie vorher. Doch mit einem Mal

Entspannende Momente beim Stand-up-Paddling – nur das Plätschern des Wassers ist zu vernehmen

ist der Fluss zum Greifen nah. Das Wasser schimmert grün, es ist so klar und so durchsichtig, dass wir die Umrisse der Fischleiber erkennen können. Nur kurz verläuft die Trasse neben dem Fluss. Dann ist er wieder aus dem Blickfeld verschwunden.

Wir nähern uns Bohinjska Bistrica. Der Zug tutet mehrmals. Warum? Es tauchen wieder Felswände auf, teilweise dicht bewaldet. Davor gescheckte Kühe, gepflegte Bauernhäuser und im Hintergrund die schneebedeckten Gipfel.

Kurz vor Bohinjska Bistrica tritt der Fluss erneut in Erscheinung. Das Auge erfreut sich an der wunderschönen grünen Farbe. Dann ist die Station erreicht und zum ersten Mal bei dieser Fahrt kommt geschäftiges Treiben auf. Die Fahrradfahrer lösen ihre Räder aus der Fixierung, die Wanderer schultern ihre Rucksäcke, nur die Schülerinnen scheinen es nicht eilig zu haben. Zwei junge, Englisch sprechende Familien schaffen es gerade noch, Babys, Buggys und Gepäck ins Abteil zu hieven, schon greift der Fahrdienstleiter zu seiner Trillerpfeife und es geht wieder weiter. Fast hätten wir selbst auch Lust bekommen auszusteigen. Der Boheiner See, eingerahmt inmitten der Bergwelt, liegt keine fünf Kilometer weit entfernt.

Noch bevor es uns gelingt, den Reiseführer aufzuschlagen und weiterzulesen, was über den Nationalpark Triglav dort noch alles steht, umgibt uns wieder totale Finsternis. Wir fahren durch den Wocheiner Tunnel, neben der Solkanbrücke, die uns am Ende unserer Fahrt erwartet, das bautechnische Ereignis der Strecke.

Mit 6.327 Metern ist er der längste Tunnel – wieder stellt sich das Gefühl ein, als wäre es Nacht, nur dass diesmal auch die Temperatur sinkt und es richtig kalt wird. Wir frieren, und dann bleibt der Zug auch noch mitten im Tunnel stehen. Was ist los? Mit einem Ruck setzt der rote Teufel sich wieder in Bewegung und beschleunigt dann so sehr, als wolle er verlorene Zeit aufholen.

Nach der Erfahrung vollkommener Dunkelheit blendet die grelle Sonne uns. Es dauert eine Weile, bis die Augen sich wieder an das Tageslicht gewöhnt haben. Der Wechsel von Hell zu Dunkel, von Schatten zu Licht stellt einen ganz besonderen Reiz dieser Zugfahrt dar.

Der Tunnel wurde am 31. Mai 1904 fertiggestellt. Anfangs mussten die Bauarbeiter die Löcher für die Sprengladungen händisch graben, man stelle sich das vor! Es war staubig und dunkel, nur eine Grubenlampe spendete Licht. Später kam eine hydraulische Drehbohrmaschine zum Einsatz. Die Kraft für den Antrieb lieferte der Bach, dessen Wasser in die

Kajaking auf der Idrijca

Malerisch gelegene Ortschaften

Turbinen geleitet wurde. Dann kam es auch noch zu Überschwemmungen, da man auf der Nordseite auf kalte Quellen im Inneren des Gebirges gestoßen war. Zeitweise traten bis zu hundert Liter Wasser in der Sekunde aus.

Gleich nach der Eröffnung der Bahnstrecke 1906 hat der bekannte Alpinist Josef Rabl in seinem Reiseführer über die „Neuen Alpenbahnen" alle Zahlen und Fakten zu den Brücken, Tunnels und Viadukten festgehalten und sämtliche Anstiege und Gefälle in Promille angeführt. In etwas antiquiertem Deutsch spricht er von „vorspringenden Felsbastionen, hochstrebenden Felsmauern, tosenden Bächen, Seen im großartigen Gebirgsrund und hübschen Tropfsteingrotten".

Wir verlassen den Tunnel und queren die Bača. Gleich darauf fährt der Zug in die Station Podbrdo ein. Was bei Rabl nicht steht, nicht stehen kann, sind die geschichtlichen Ereignisse, die auf die Eröffnung der Strecke folgten. Nach dem Ersten Weltkrieg wurde ihr Verlauf zwischen Jugoslawien und Italien aufgeteilt, am Eingang des Wocheinertunnels verlief von 1919 bis 1945 die Ostgrenze Italiens. Nach dem Zweiten Weltkrieg wanderte sie ein Stück westwärts, der Isonzo beziehungsweise die Soča befand sich nun zum Großteil in Jugoslawien und die Bahn verlor zunehmend an Bedeutung.

Der Aufenthalt in Podbrdo dauert länger als gedacht. Allmählich setzt die Bahn sich wieder in Bewegung. Links und rechts

Kanal ob Soči – Ausgangspunkt für Radtouren

der Trasse bewaldete Hügel – Mischwald, hoch aufragend, darüber Wolkenbänder. Der Fluss, eigentlich ein Flüsschen, ist einmal rechts und dann wieder links der Gleise zu sehen, er begleitet die Fahrt. Die Gegend scheint dünn besiedelt, hin und wieder taucht ein Gehöft auf. Die Bäume wachsen senkrecht aus dem Felsen, sie betonen die Vertikale und verleihen der Landschaft Dynamik. Im Wasser spiegelt sich das Sonnenlicht. Laut Rabls Reiseführer folgen nun zwei spektakuläre Kunstbauten: das 172 Meter lange Bukovo- und das 185 Meter lange Grahovoviadukt.

In Grahovo warten wir auf einen Gegenzug. Beim Anfahren rüttelt es ziemlich. Unterwegs sehen wir schön aufgestapeltes Holz neben den Häusern, blühende Wiesen in allen Farben des Sommers, Kirchen mit Spitztürmen.

Und wieder fahren wir in einen Tunnel ein. Die Räder ruckeln über die Gleise. Ein wahnsinniges Rattern ist das! Der Wechsel von Dunkelheit und Licht setzt sich als besondere Erfahrung im Gedächtnis fest. Wir haben den x-ten Tunnel durchquert und halten in der Ortschaft Podmelec. Mehr als die Hälfte der Strecke liegt hinter uns. Vor den Fenstern: wieder gepflegte Gemüsegärten und sorgfältig aufgestapeltes Holz. Attribute einer lieblichen ländlichen Landschaft.

Mit Most na Soči erreichen wir den wohl malerischsten Ort der Strecke. Erbaut auf einem Felsvorsprung am Zusammenfluss von Idrija und Soča spiegelt seine Silhouette sich im Wasser. Der jun-

**Eine ganz besondere Erfarung: der stetige Wechsel von Licht und Dunkelheit.**

ge Mann, der bis jetzt mit uns das Abteil geteilt hat, macht sich zum Aussteigen bereit und wünscht uns eine gute Weiterfahrt. Er kommt aus Kanada und will hier Fliegenfischen. Das Gebiet rund um Most na Soči wird als „kleines Paradies für Wassersportler" gepriesen. Zentrum der Rafting-, Kajak-und Canyoning-Szene ist das nur 45 Minuten entfernte Bovec.

Ab Most na Soči fahren wir entlang der Soča. Sie fließt etwa 90 Kilometer durch Slowenien und 40 durch Italien, wo sie dann Isonzo heißt. Gleich nach der Ortschaft ist sie aufgestaut und weitet sich zu einem See in Karibik-Grün. Das Glitzern des Wassers beflügelt. Wieder stellt sich das Gefühl ein, als würden wir schweben. Unser roter Teufel beschleunigt, er rauscht nur so dahin, im gleichen Tempo wie das fließende Wasser rechts von uns. Die Gleise liegen eine Ebene über dem Flusslauf, so als befände man sich auf einer Galerie. Ebenerdig verläuft das Ufer – mal sandig und breit wie ein Meeresstrand, mal nur ein schmaler Streifen, gesäumt von dem weißen Gestein, das die außergewöhnliche Farbe des Flusses zum Leuchten bringt. Ist es Smaragdgrün? Türkisblau? Mintfarben? Egal, welches Wort wir wählen, es wird nie dem Zauber der Soča gerecht. Den Blick von ihr abzuwenden, fällt schwer. Es ist kaum mehr möglich, Interesse für die Ortschaften aufzubringen, die nach und nach folgen: Avče, Kanal, Anhovo und Plave.

Bei Prilesje pri Plavah erkennen wir den Monte Santo, den „Heiligen Berg" mit der charakteristischen Kirche auf dem Gipfel, einst Pilgerstätte für Gläubige aus allen Teilen der Monarchie. Und als der Zug in der Station Solkan hält, wird uns bewusst, dass wir die berühmte Steinbrücke, das Highlight der Strecke, passiert haben, ohne sie gebührend gewürdigt zu haben. Als Entschädigung werfen wir einen Blick auf die kolorierte Foto-Postkarte in Josef Rabls Buch. „Görz, steinerne Eisenbahnbrücke mit dem größten Bogen der Welt. Über den Isonzo in Solcano", so der Begleittext.

Während wir über das Schicksal der Brücke lesen, nähert der Zug sich seinem Bestimmungsort. Nun sind es keine blühenden Wiesen mehr, sondern der Speckgürtel von Nova Gorica, der uns umgibt. Der Bahnhof im Secessionsstil wirkt wie ein zurückgelassenes Paar Damenschuhe auf einem einsamen Strand. Ein elegantes Bauwerk inmitten von städtischem Brachland. Doch bis 2025, wenn die Eröffnungsfeier für das Kulturhauptstadtjahr hier über die Bühne geht, wird sich alles ändern. Der Bahnhof, durch Video-Installationen beleuchtet, erstrahlt dann wieder in altem Glanz.

# Nachhaltig unterwegs

**Von Jesenice nach Nova Gorica**

„Bahnwandern" über Täler und Schluchten, auf Viadukten und steinernen Brücken durch die landschaftlich schönsten Gegenden Sloweniens. Die 89 Kilometer lange Strecke wird in ca. zwei Stunden zurückgelegt und folgt gegen Ende dem Flusslauf der smaragdgrünen Soča.

www.potniski.sz.si

**Von Nova Gorica in den Karst**

Die südliche Fortsetzung der Wocheinerbahn von Görz nach Triest ist die Karstbahn. Mehrmals täglich ist die Weiterfahrt bis Sezana möglich, Fahrtdauer eine Stunde, Fahrradtransport möglich.

www.potniski.sz.si

**Mit dem Fahrrad auf dem Alpe Adria Radweg**

Die Tour von Salzburg nach Grado umfasst 415 km und wird meist in acht Etappen zurückgelegt. Über die Website können Leihräder, Gepäcktransport, Unterkünfte und Rücktransport ab Grado zum nächstgelegenen Bahnhof gebucht werden. Auf der Strecke Triest – Udine – Venedig werden in den Regionalzügen Fahrräder mitgeführt. Im Sommer gibt es zwischen Cormòns und Grado den BiciBus, der in Gorizia, Gradisca d'Isonzo, Redipuglia und Monfalcone hält.

www.alpe-adria-radweg.com

## Sattelfest auf dem Soča-Radweg

38 km führt die malerische Strecke von Tolmin, einem wunderschönen Ort am Zusammenfluss von Tolminka und Soča, über Most na Soči, Drobočni, Avče und Kanal bis nach Solkan, die Vorstadt von Nova Gorica, wo die berühmte Steinbogenbrücke zu bewundern ist. Empfohlen werden Trekkingbikes.

www.tic-kanal.si/eng/cycling
www.turismofvg.it/de/bike/fahrradroute-gorizia-kanal-slo

## Soča Fun Park

Das Ufer der Soča dient als beliebtes Ausflugsziel. Besucherinnen und Besucher erwartet ein Baumwipfelpfad mit je nach Altersgruppe unterschiedlich schwierigem Parcours. Wer das große Abenteuer sucht, kann die Zipline ausprobieren.

Pot na breg 11

www.socafunpark.si

## Soča Kajak Klub

Um den schönen Fluss aus der Nähe zu erleben, ist ein Kajak genau das richtige. Es eröffnet neue Perspektiven auf die Landschaft. Von Solkan zum Park Pevma in Italien werden geführte Touren angeboten, außerdem gibt es Kurse für Anfänger und Fortgeschrittene.

Pot na breg 9

www.socakajak-klub.com

# Ein Kommissar für die Gartenstadt

Die junge Stadt Nova Gorica lebt
von den vielen Geschichten
über kreative Köpfe, Pioniere
und visionäre Denker.

Wie das Neapel von Elena Ferrante, das Venedig von Donna Leon und das Triest von Veit Heinichen könnte Nova Gorica zum literarischen Schauplatz werden. Die Stadt hat Potenzial. Noch existiert von dem zukünftigen Bestseller – wir plädieren stark für einen Krimi – nur eine Skizze. Wir können nicht allzu viel verraten, vorstellbar ist aber, dass es einen Pfeife rauchenden Kommissar geben wird, der einem Schluck guten Wein nicht abgeneigt ist und sich freut, nur einen Steinwurf von Weingütern der Goriška Brda entfernt eine neue Etappe seiner Karriere zu beginnen.

Unser Kommissar kommt aus Ljubljana und sieht sich von einem Tag auf den anderen an die Peripherie Sloweniens versetzt. In die jüngste Stadt des Landes. Eine Grenzstadt. Einst eine Schmugglerhochburg. Es ist lange her, dass er im Geschichtsunterricht von der Gründung und dem heroischen Einsatz der Jugendbrigaden nach dem Zweiten Weltkrieg gehört hat. Medienberichten zufolge kam es in den Jahren seit der Unabhängigkeit Sloweniens 1991 zu gravierenden Strukturveränderungen. Die Stadt verlor ihre Auftragnehmer in den jugoslawischen Teilstaaten, die Industrie schrumpfte, Polizei- und Zollbeamte wurden abgezogen, gut 10.000 Menschen ließen sich an anderen Orten nieder.

Borut, so heißt der Held unseres Romans, verlässt sein Hotel, ein postmodernes Monstrum, wie er findet. In den 1980er Jahren hat man den Festsaal zu einem Casino im amerikanischen Stil umgebaut und Nova Gorica zur „Gambling Destination" erklärt, verkündet ein Prospekt, der im Zimmer aufliegt. Eine Entscheidung, die viel Geld in die Stadt spülte. Einheimischen war es untersagt, ihr Glück aufs Spiel zu setzen, italienische Gäste jedoch zogen die Slot Machines und Pokertische in Scharen an.

Unser Neuankömmling setzt seine Sonnenbrille auf und schlendert entlang der Kidričeva ulica. Buben sausen auf ihren Rädern an ihm vorbei, ein Springbrunnen sprüht Wasserfontänen in die Luft, überall ist die Stadt beflaggt. „Eno Leto do", noch ein Jahr, dann ist Nova Gorica Kulturhauptstadt, steht auf den Transparenten.

Der erste Eindruck erinnert ihn an Berlin, weil alles so flach und fahrradtauglich ist. Man orientiert sich schwer, weil es kaum Dominanten im Stadtbild gibt. Aber das macht den Charme aus, es ist tatsächlich so, als würde man in einem Park spazieren gehen. Bänke, Papierkörbe alle 50 Meter, Fahrradständer. Wegen der überbordenden Vegetation muss man den Blick schärfen, um von den Bauten etwas zu erkennen. Überall Grünflächen mit Rosensträuchern, Fächerpalmen, Lorbeer und anderen mediterranen Gewächsen.

Der Bahnhof, Jugendstiljuwel im Stil der Wiener Secession

Ein Kommissar für die Gartenstadt

Borut begibt sich zum Bahnhof, dem einzigen historischen Bauwerk der Stadt. Er liebt Bahnhöfe, sie übten immer schon eine Faszination auf ihn aus, es sind Orte, sinniert er, die sowohl Start als auch Ziel sein können, sie symbolisieren rasante Bewegung genauso wie lähmendes Warten, und sie verkörpern das Vertraute neben dem Ungewissen, wecken Erwartungen – und bringen oft auch Enttäuschung.

Anders in Nova Gorica. Der Bahnhof hier, das erkennt jeder Fremde auf den ersten Blick, fungiert schon lange nicht mehr in seiner ursprünglichen Funktion. Mit Reiseverkehr hat er nichts mehr zu tun, seine Bestimmung ist eine andere. Er weckt nicht Gedanken an das Auf und Davon, sondern hält Erinnerungen wach. Als Borut die schwere Tür aufstößt, steht er nicht in einer Schalterhalle, sondern vor Schautafeln des Kolodvor-Museums. Mit einem Mal fühlt er sich zurückversetzt in den Schulunterricht.

Nach Kriegsende 1945 hatten Titos Partisanen das strategisch wichtige Gebäude besetzt. Über den Platz davor – heute Trg Evrope (ital. Piazza Transalpina) – verlief eine mit Kreide gezogene weiße Linie, die zwei Zonen absteckte. Die eine unterstand den USA, die andere Jugoslawien. Was zunächst mehr oder weniger improvisiert war, erwies sich bald schon als unpassierbare, streng bewachte Grenze.

Von einem Tag auf den anderen war die slowenische Bevölkerung von Gorizia, der Stadt, die sie gemeinsam mit Italienerinnen und Italienern bewohnte, abgeschnitten, hatte zu Geschäften, Ämtern, Spitälern und Kirchen keinen Zutritt mehr.

Das alles bildet ein schweres Erbe, denkt der Kommissar. Er verlässt das Museum und steht wieder vor einer Schautafel. Der Platz Trg Evrope, liest er, spielt eine zentrale Rolle im Konzept der Kulturhauptstadt 2025. Er soll für beide Städte zum gemeinsamen Wohnzimmer werden. Interessant, denkt Borut und macht sich auf den Weg Richtung Innenstadt. Um 10 Uhr soll er seine Assistentin Urška treffen.

„Um zu verstehen, wie Nova Gorica tickt", erklärt sie ihm gleich zu Beginn, „musst du dich von der Idee verabschieden, es sei eine modernere Version des alten Gorizia. Nova Gorica ist anders. Es ist eine Stadt, die nicht nur aus dringenden Bedürfnissen heraus entstand, sondern auch aus einer Portion Sturheit. Sie sollte noch schöner, heller und moderner sein als das, was den Bewohnerinnen und Bewohnern durch den Verlust des alten Gorizia genommen wurde. Eine Musterstadt, ein in Stein gegossenes Versprechen auf ein besseres Leben. Der slowenische Architekt Eduard Ravnikar übernahm die Stadtplanung. Leider musste er gegenüber seinem ursprünglichen Konzept einige Abstriche machen. Die Arbeiten kamen ins Stocken, das Geld reichte nicht aus. Er war enttäuscht, verbittert." Urška runzelt die Stirn. „Obwohl das Konzept einer Gartenstadt – mit einer klaren Trennung in die Bereiche Wohnen, Arbeiten, Verwaltung und Freizeit – eigentlich bis heute gut funktioniert."

> Was zunächst improvisiert war, wurde bald zur streng bewachten Grenze.

Der Ikarus – markante Skulptur im Stadtraum und Hommage an den Flugpionier Edvard Rusjan

Die „chinesische Mauer"

„Die von Ravnikar entworfenen ruski bloki haben mittlerweile Kultcharakter", fährt Urška fort. „Meine Großmutter hat dort gewohnt, und es war tatsächlich so, dass du Ärzte, Buchhalter und Bauarbeiter im gleichen Stockwerk antreffen konntest. Die Wohnungen waren lichtdurchflutet, geplant nach dem Prinzip der Cité Radieuse in Marseille. Das kam nicht von ungefähr, denn Ravnikar hatte eine Zeit lang in Paris mit Le Corbusier zusammengearbeitet."

„Und mit welchen Fällen habt ihr hier so zu tun?", unterbricht Borut Urškas Redefluss. „Sizilianische Mafia? Chinesische Mafia? Drogenkartelle? Menschenhandel? Illegale Einwanderung?"

„Ach was! Alles halb so wild! Du wirst im Café Maks bei einem Cappuccino sitzen und einen Informanten treffen", meint sie lachend, „in der Villa Rafut vielleicht eine Bande aufspüren, die dort ihr Waffenversteck hat. Du wirst die umschwärmte Staatsanwältin Marija Vogel zum Essen ins Schloss Kromberk einladen, um wichtige Fälle zu besprechen. Vielleicht wirst du auch Erpressern auflauern, die sich zur Lösegeldübergabe in der leerstehenden Ziegelfabrik verschanzt haben. Oder du sollst herausfinden, wie es kam, dass die Buchstaben der Inschrift ‚Tito' auf dem Berg Sabotin über Nacht verschwanden." Urška schenkt Borut ihr bezauberndstes Lächeln.

„Wenn du magst", schlägt sie vor, „drehen wir eine Runde." Sich in ungelöste Fälle einzuarbeiten hat Zeit, denkt unser Kommissar und willigt ein.

Sie gehen die Kidričeva ulica hinunter bis zu einer großen unbebauten Grünfläche, die von einem prominenten Bauwerk überragt wird. „Dieses Stück Wiese, genannt Travnik", merkt Urška an, „ist enorm wichtig für uns. Es wird immer so bleiben, unverbaut. Es hat, wie so vieles hier, Symbolcharakter. Hier beginnt die Geschichte von Nova Gorica. Diese Leere, dieses Stück Natur inmitten der Stadt, trägt die essenzielle Botschaft von Nova Gorica nach außen:

die Idee einer grünen Stadt. Bis heute prägen immer noch über 200 verschiedene einheimische und exotische Baumarten – damals Bestandteile von Ravnikars Entwurfs, nicht bloß Behübschung! – unser Stadtbild."

Kümmern Sie sich um jeden unbebauten Raum, bewahren Sie ihn für etwas Schönes auf, soll Ravnikar gesagt haben. „Eine Aufforderung, der die Architekten der nächsten Generation nicht gefolgt sind. Die 1970er Jahre waren von einem Wald aus Baukränen geprägt, Nova Gorica befand sich damals auf dem Höhepunkt seiner Entwicklung. Das größte Wohnbauprojekt in der Geschichte der Stadt entstand in der Cankarjeva ulica, danach folgte ein noch ambitionierteres Projekt, das wir die ‚chinesische Mauer' nennen, in der ulica Gradnikove Brigade. Dort bin ich aufgewachsen, stell dir vor!"

„Und wie war das in deiner Kindheit", fragt Borut, „hast du unter der Grenze gelitten?" „Nicht im Geringsten!" Urška zuckt mit der Schulter. „Ich konnte es nicht erwarten, an den Sonntagen mit meinem Vater nach Gorizia zu spazieren und ein gutes Gelato zu essen, um dann nach Hause zu kommen und mit den Nachbarskindern in den Feldern und Gärten rund um unsere Wohnblocks herumzutoben."

„Der langgestreckte Bau mit den Arkaden", wirft Borut ein, „das ist doch das Rathaus, nicht wahr?"

„Ja, genau. Nach Plänen von Vinko Glanz, der noch bei Jože Plečnik studiert hat, zwischen 1948 und 1955 erbaut. Die Statuen an der Fassade sind wie so vieles hier eng mit der Partisanen- und Revolutionsthematik verbunden. Im ersten Stock befindet sich die Zelena Dvorana, der Grüne Saal. Dort wirst du immer wieder zu

Das Nationaltheater – Spielstätte zeitgenössischer Stücke

tun haben, dort finden viele Besprechungen mit italienischen Kollegen statt. Es geht um ein einheitliches Sicherheitskonzept für das Kulturhauptstadtjahr, deshalb ist auch immer jemand von der Polizei dabei."

„In welcher Sprache unterhaltet ihr euch mit den Kollegen ‚von drüben'?"

„Na ja, auf Italienisch natürlich! Das ist für mich ganz normal, du solltest es auch lernen!" Urška lacht.

„Das postmoderne Gebäude neben dem Rathaus, das ist unser Theater, das SNG, das Slowenische Nationaltheater, zwischen 1987 und 1994 von Vojteh Ravnikar entworfen, einem Namensvetter von Edvard Ravnikar. Was du zwischen Theater und Rathaus siehst, das ist die France-Bevk-Bibliothek, auf die hier alle sehr stolz sind. Sie kam, zwischen 1996 und 2000 errichtet, als letztes Element hinzu. Die dynamische Architektur gefällt mir. Ich komme gern hierher. Auf 4.500 Quadratmetern gibt es enorm viel Auswahl! Bücher, DVDs, Zeitschriften, alles!"

„Es wird dir aufgefallen sein", fährt Urška fort, „dass wir hier keine Kirche haben. Die Gesellschaft im sozialistischen Jugoslawien sollte ohne Sakralbauten auskommen. Erst Anfang der 1980er Jahre bekamen wir doch noch ein Gotteshaus, die Christus-Erlöser-Kathedrale am Rande der Stadt, neben der Einfahrtsstraße … Nicht gerade die prominenteste Lage! Auch einen Friedhof gab es nicht, die Stadt sei zu jung dafür, witzelten die Leute, und die Alten würden sowieso lieber am Dorf begraben werden. Der alte Friedhof von Gorizia befand sich übrigens genau hier, wo wir jetzt stehen. Er wurde 1916, zu Beginn der Kämpfe an der Isonzo-Front, aufgelassen. An seiner Stelle errichtete der Bildhauer Janez Lenassi dieses metallisch schillernde Denkmal, das du hier siehst, den Ikarus. Er erinnert an den Flugpionier Edvard Rusjan."

Borut gähnt. „Ja", gibt Urška zu, „das sind viele Informationen auf einmal, aber du kannst nicht hier leben und heimisch werden, ohne zu wissen, wer Edvard Rusjan war und warum das Bürohaus – derzeit das höchste Gebäude der Stadt – Eda Center heißt." Borut nickt und Urška fährt fort.

„Es gab schon zu Zeiten der Monarchie unweit von Gorizia ein Flugfeld. Von dort startete Edvard gemeinsam mit seinem Bruder Josip, genannt Rusjan-Pepi, zum ersten Mal am 25. November 1909 mit einem selbstgebauten Doppeldecker, EDA I. Zuerst erhob er sich allerdings nur zwei Meter vom Erdboden und die Flugstrecke endete nach 60 Metern. Das musst du dir vorstellen! Rusjan war Planer, Konstrukteur und Pilot in einer Person, er war ein Visionär, und das macht ihn für uns so wichtig. Er ist eine Identifikationsfigur. Nach EDA I folgten weitere Modelle: EDA II, EDA III und so fort. Du kannst ja googeln, es ist eine spannende Geschichte!"

Die beiden setzen ihren Spaziergang durch die ulica Erjavčeva fort, vorbei an Skulpturen berühmter Persönlichkeiten, die im Schatten riesiger Platanen, Magnolien und Libanonzedern stehen. „Du wirst nicht alle kennen", wirft Urška ein, „es sind Local Heroes,

> Einen Friedhof gab es lange nicht, die Stadt war zu jung dafür.

Intellektuelle, Kunstschaffende, die für die kulturelle Entwicklung der Region von Bedeutung waren. Diese ‚Allee der Erinnerung', wie wir sie nennen, mündet direkt in die Via San Gabriele, die nach Gorizia führt, zurück in die Vergangenheit. Auch darin steckt viel Symbolik: Wir in Nova Gorica haben keine jahrtausendealte Geschichte, aber wir haben Geschichten, die es wert sind, erzählt zu werden. Es sind Geschichten, die zwei Städte zum Schauplatz haben, in zwei, wenn nicht drei oder vier Sprachen erzählt werden können und aus zwei gegensätzlichen ideologischen Hintergründen ihren Stoff sammeln."

Borut lässt das alles auf sich wirken. Üblicherweise, denkt er, reisen wir in Städte, weil wir uns für die historischen Epochen interessieren, die sie durchlebt haben oder für ihre Kunstschätze, die wir bewundern wollen. Doch das funktioniert hier nicht.

„Wie kommt ihr eigentlich mit der grenzüberschreitenden Zusammenarbeit voran?", fragt er die Kollegin. Urška zieht die Stirn in Falten. „Manchmal haben wir das Gefühl, fast schon am Ziel zu sein. Aber die Covid-Periode hat gezeigt, wie fragil die Zusammenarbeit wirklich ist. Es brauchte nur einen Gastronomen, der beschloss, seine Hamburger mitten im Lockdown über die Grenze zu verkaufen, um die Debatte über slowenische Unternehmen, die italienischen das Geschäft stehlen und umgekehrt, wieder anzufachen."

Das Handy in Boruts Hosentasche klingelt. Ein Blick auf das Display verrät ihm, dass es wichtig ist. Die Staatsanwältin ruft an, am Ufer der Soča sei eine Kiste mit Sprengstoff an Land gespült worden. Die Spurensicherung ist schon unterwegs. Und auch die beiden frischgebackenen Partner machen sich auf den Weg.

Doppeldecker im Foyer des Eda Center

Nova Gorica – die am Reißbrett entworfene Gartenstadt, eingebettet in nichts als Grün

Ein Kommissar für die Gartenstadt

# Nova Gorica entdecken

**Nova Gorica Infostelle**

Mitten im Zentrum fungiert „TIC Nova Gorica" als Anlaufstelle für Fragen zu Unterkünften, Veranstaltungen und Ausflügen. Auch Fahrräder können hier ausgeliehen werden.

Kidričeva ulica 11

www.ctm-ng.si

**Go2Go-Bicylesharing**

Fahrradfahren gehört in Nova Gorica zum Lifestyle dazu. Innerhalb von 20 Minuten gelangt man überallhin, nach Gorizia und in die Ortsteile Solkan und Šempeter. Für die Bergstrecken empfiehlt es sich, auf E-Bikes umzusteigen. Beide Arten von Rädern können an sieben Stationen in der Stadt ausgeliehen werden. Das Projekt ist grenzüberschreitend angelegt, auch in Gorizia gibt es Go2Go-Dockingstationen.

www.go2go.si
www.nomago.si/de/fahrradverleih

**Unterwegs mit Bus & Taxi**

Zwischen dem Bahnhof Gorizia Centrale und dem Busbahnhof in Nova Gorica verkehren regelmäßig Busse. Fahrpläne sowie Telefonnummern von Taxiunternehmen unter:

www.turizem-novagorica-vipavskadolina.si/en/sustainable-mobility-centre

## Bahnhof am Trg Evrope

Der 1906 eröffnete Bahnhof ist das einzige historische Gebäude von Nova Gorica. Er beherbergt das Kolodvor-Museum, das die Geschichte der Grenzziehung dokumentiert. Nach der Sanierung soll das Gebäude wieder seiner ursprünglichen Bestimmung übergeben und Nova Gorica an das Verkehrsnetz Sloweniens angeschlossen werden. Der Trg Evrope wird dann zum Wohnzimmer im Grünen und Begegnungsort.

www.goriskimuzej.si
www.go2025.eu/en/whats-up/news/trg-evrope-and-ecoc-district-work-in-progress

## Goriški muzej/ Burg Kromberk

Die Burg Kromberk, ein Renaissanceschloss, das in den beiden Weltkriegen stark beschädigt und später restauriert wurde, beherbergt heute all das, was an Kulturschätzen auf dieser Seite der Grenze erhalten geblieben ist. Zum Fundus des Museums gehören Gemälde – darunter auch Werke der Avantgarde der 1920er Jahre. Temporäre Ausstellungen widmen sich dem Kulturleben von Nova Gorica.

Grajska cesta 1

www.goriskimuzej.si/stalne-zbirke/grad-kromberk

## Architekturmodell Nova Gorica

Was Edvard Ravnikar vorschwebte, war eine durch und durch funktionale Stadtplanung, die darauf ausgerichtet war, die Lebensbedingungen der Menschen zu verbessern. Das unscheinbare Architekturmodell, das allen Gästen gezeigt wird, kann das nicht abbilden, aber es hat Kultcharakter, weil es veranschaulicht, wie Nova Gorica hätte aussehen können, wären alle Planungen umgesetzt worden.

Kidričeva ulica

## Die Allee der „großen Männer"

Realistisch gestaltete Büsten prominenter Persönlichkeiten der lokalen Geschichte – darunter auch Frauen! – sind entlang der ältesten Straße von Nova Gorica aufgestellt. Es sind vor allem Intellektuelle, die für die Entwicklung der Region maßgebend waren.

Erjavčeva ulica

## Street Art & Kunst im öffentlichen Raum

Kunst ist in Nova Gorica überall präsent, meist in Form von Skulpturen. Das erste, sehr abstrakt gestaltete Denkmal wurde mittlerweile zum Wahrzeichen. Es ist Edvard Rusjan gewidmet – Sohn eines slowenischen Fassbinders, der um 1900 in Görz lebte und als österreich-ungarischer Luftfahrtpionier in die Geschichte einging.

Delpinova ulica 18b

## Kulturni dom

In dem 1980 eröffneten multifunktionalen Kulturzentrum kann man den Herzschlag der Stadt hören. In der Mestna Galerija sind Werke junger slowenischer und ausländischer Künstlerinnen und Künstler zu sehen. Das Pixxelpoint Festival widmet sich zeitgenössischen künstlerischen Praktiken an der Schnittstelle von Kunst, Wissenschaft und Technologie. Und der Event-Bereich organisiert Auftritte lokaler Indie-Bands und Singer-Songwriter.

Bevkov trg 4

www.kulturnidom-ng.si
www.pixxelpoint.org

## Café & Buchhandlung „Maks"

Der raue, fast industrielle Look des Lokals wird durch die Innenausstattung mit abgerundeten Linien und einer optisch ansprechenden Farbpalette abgemildert. Metallregale verleihen dem Raum einen besonderen Charakter. Die Buchhandlung ist äußerst gut sortiert mit Werken sowohl in- als auch ausländischer Autorinnen und Autoren.

Delpinova 12

www.maks-knjigarna.si

## Fabrika

Fabrika bietet den ganzen Tag über etwas für den großen und den kleinen Hunger. Es spiegelt Sloweniens trendige und gleichzeitig entspannte Gastro-Szene wider. Es ist immer gut besucht, besonders am Freitag, da gibt es ein DJ-Set.

Bevkov Trg 1

www.fabrika-bar.si

## Szenetreff „Mostovna"

In einer ehemaligen Industrieanlage direkt an der slowenisch-italienischen Grenze gelegen, ist „Mostovna" der „angesagteste Ort", um in die Musikszene der Stadt einzutauchen. Man kann hier alles von Rock, Soul und Orchestermusik bis hin zu Comedy aus ganz Slowenien erleben.

www.mostovna.com

Das Buchcafé „Maks" – Treffpunkt der intellektuellen Szene

## Rathaus

Das kulturelle und administrative Zentrum der Stadt wurde von den besten Künstlern der Nachkriegszeit geschaffen. Architekt Vinko Glanz, Bildhauer Boris Kalin und der Maler Lavko Pengov bildeten das Team. Sie haben auch bei anderen Projekten von nationaler Bedeutung wie Titos Sommerresidenz in Bled oder dem Parlamentsgebäude in Ljubljana zusammengearbeitet. Die Fassade des Palazzo ist reich mit Statuen verziert, die eng mit der Partisanen- und Revolutionsthematik verbunden sind.

Trg Edvuarda kardelja 1

## Das SNG Theater

Die Lage an der Schnittstelle mehrerer Kulturen beeinflusst das Repertoire, das aus zeitgenössischen und klassischen Stücken besteht. Erfolge beim Publikum und bei internationalen Festivals hatten in letzter Zeit Tanzperformances und Koproduktionen wie das Stück über Nora Gregor, die in Gorizia geborene Burgtheaterschauspielerin und Hollywood-Ikone.

Trg Edvarda Kardelja 5

www.sng-ng.si

## France-Bevk-Bibliothek

Sie gilt als eines der schönsten Gebäude der Stadt und ist der ganze Stolz ihrer Bewohnerinnen und Bewohner. Es lohnt sich, einen Blick ins Innere zu werfen. Der sowohl horizontal als auch vertikal gegliederte Raum wirkt offen und versinnbildlicht die Idee, dass Wissen für alle zugänglich ist.

Trg Edvarda Kardelja 4

www.gkfb.si/en

## Städtischer Markt/Tržnica

Obst und Gemüse direkt von den Produzenten aus der Region. Schön fürs Auge und auch fürs Gemüt, denn man kann sich hier unters Volk mischen und an den vielen Farben und Gerüchen erfreuen.

Täglich außer Sonntag, 7–14 Uhr

Delpinova 16

## Christus-Erlöser-Kathedrale

Ursprünglich war in der neu gegründeten sozialistischen Stadt keine Kirche vorgesehen. Auf Drängen der Bevölkerung wurde 1982 dann der Bau am nordöstlichen Ende der Hauptstraße errichtet. Von seinem Umfeld hebt er sich nur durch den Glockenturm ab. Die monumentale Holzskulptur im Inneren zeigt Christus in ungewöhnlicher Pose – nicht gekreuzigt, sondern mit zum Himmel erhobenen Armen, als würde er die Erde verlassen wollen.

www.druzina.si

## Pikol Lake Village

Eine Institution in der vierten Generation! Die romantische Lage am Wasser wurde genützt, um aus dem Ausflugslokal ein Wine Estate zu machen. Holzhütten, von denen manche private Whirlpools haben, gruppieren sich um den kleinen See. Das Restaurant ist mittlerweile mit einem Stern ausgezeichnet. Die Öffnungszeiten variieren. Unbedingt reservieren.

Jezerska Village
Vipavska cesta 94

www.pikol.si

Die Bibliothek – benannt nach dem Schriftsteller und Publizisten France Bevk

Die Burg Kromberk – heute ein Museum und ein Gourmet-Restaurant

## Restaurant & Boutiquehotel DAM

Chefkoch Uroš Fakuč ist Spezialist für die Zubereitung von Fisch und überrascht mit kühnen Kombinationen von Aromen. Hier bildet Weltoffenheit einen subtilen Kontrast zum kulinarischen Erbe Sloweniens, so das Urteil des Guide Michelin, der das DAM mit einem Stern ausgezeichnet hat.

Ulica Vinka Vodopivca 24

www.damhotel.si/en

## Schlossrestaurant Burg Kromberk

Inspiration findet Aleš Šibav bei seinem morgendlichen Marktbesuch, im Kräutergarten seiner Mutter oder zwischen den Wolken. Dementsprechend vielfältig ist sein Angebot. Ob Oktopus mit Kapern und süßen Tomaten, Muscheln nach Buzara-Art, Žlikrofi mit Steinpilzen oder knuspriges Schwein – alles ist authentisch und intensiv im Geschmack.

Grajska cesta 1

www.gradkromberk.si/kulinarika

## Hotel Perla

Der Hit-Gruppe, die dieses Hotel betreibt, verdankt die Stadt ihren Ruf als Las Vegas Europas. Auch wenn man mit Black Jack, Roulette und Poker nichts am Hut hat, kann man sich hier getrost einquartieren. In den geräumigen, ruhigen Zimmern bekommt man davon nichts mit.

Kidričeva ulica 7

www.perla-novagorica.com/it

# Die Diva im rot-rosa Kleid

## Von Bourbonen, Rosen und einer Begegnung im Klostergarten von Kostanjevica.

Der Rosengarten von Kostanjevica dehnt sich auf einer schmalen Terrasse unterhalb der Klostermauer aus. Fächerpalmen, Bananenstauden und Bambusgewächse schützen ihn vor Wind und Wetter. Es ist Ende Mai und nicht alle Sträucher stehen mehr in voller Blüte. Weder liegt ein berauschender Duft über den Hecken, noch leuchten sie in allen Rot- und Rosatönen der Farbpalette, doch ihr Zauber ist geblieben. Wie das Parfum einer Dame, das noch im Raum schwebt, auch wenn sie selbst ihn schon verlassen hat.

Edi Pršt – groß gewachsen, weißhaarig, sportlich gekleidet, ein älterer Herr mit ruhiger, angenehmer Ausstrahlung – begrüßt mich. Mister Bourbon-Rose, wie er auch genannt wird, war in seinem früheren Leben Journalist, wir sind also Kollegen. Er kommentierte fürs Radio alles, was in der Stadt so geschah, und ich bin hier, um herauszufinden, wie es kam, dass Nova Gorica zur „Stadt der Rosen" wurde und über die weltweit zweitgrößte Sammlung von Bourbon-Rosen verfügt.

Die erste Frage ist schnell beantwortet, sagt Edi. „Es gab hier seit jeher das Tal der Rosen, Rožna Dolina, wo eine der hiesigen Familien eine große Gärtnerei besaß." Es lag also nahe, die Schönste der Blumen als Symbol für die neu gegründete Stadt zu wählen, und seit 1967 trägt Nova Gorica eine stilisierte rote Rose im Wappen.

„Und wie war das mit den Bourbon-Rosen? Und woher kommt überhaupt ihr Name? Und welcher Zusammenhang besteht zum französischen Königshaus?", platzen die Fragen aus mir heraus.

„Setz dich", sagt Edi. „Da muss ich etwas weiter ausholen. Vor 20 Jahren konnten wir die Padres davon überzeugen, uns einen Teil ihres Gemüsegartens zu überlassen, statt noch mehr Salat und Tomaten anzupflanzen. Dass es uns gelingen würde, das hier" – Edi breitet schwungvoll seine Arme aus – „in ein Blütenmeer zu verwandeln, hätte niemand gedacht. Aber das besondere Klima innerhalb des Areals hat unsere Arbeit begünstigt. Du musst nämlich eines wissen: Trotz ihrer guten Eigenschaften ist die Bourbon-Rose heute nur mehr seltener Gast in unseren Gärten. Nur Züchter, die auf Kreuzungen spezialisiert sind, Sammler und Kenner sind in der Lage, sie richtig zu pflegen. Im Laufe der Jahre und Jahrzehnte sind einige Sorten sogar für immer verschwunden. Am Ende des 18. Jahrhunderts gab es noch 1500, heute nur mehr 120."

Abwechselnd mit den anderen Mitgliedern des Vereins der Rosenliebhaber Sloweniens schaut Edi regelmäßig bei seinen Schützlingen vorbei. Das Eintauchen in die Welt der Rosen hat seinem Leben eine entscheidende Wende gegeben. Was das gärtnerische Know-how betrifft, so gilt für ihn der Grundsatz „Weniger ist mehr". „Rosen müssen so wie ihre DNA sein", erklärt er. „Wir schneiden sie nicht zurück, greifen so wenig wie möglich ein, sagen: ‚Be like you wanna be.'"

Den Erfolg führt Edi darauf zurück, zum richtigen Zeitpunkt am richtigen Ort gewesen zu sein und das Richtige getan zu haben. „Der Zufall war es, er hatte seine Hand im Spiel," sagt er bescheiden. „Wie übrigens auch bei der Entstehung der ersten Bourbon-Rose", fügt er schmunzelnd hinzu.

„Erzähl!"

„Stell dir eine unbewohnte Insel im Indischen Ozean vor", holt Edi weit aus. „Feuerspeiende Vulkane, Regenwald, üppige Vegetation ... Um 1640 landeten Franzosen an einem endlosen Strand und erklärten das Eiland im Namen ihres Königs zur französischen Besitzung. Ludwig XIII. stammte aus dem Adelsgeschlecht der Bourbonen, und folglich wurde die Insel Île Bourbon getauft. Heute kennt man sie als La Réunion. Siedler vom Festland trafen ein und

> Bei der Entstehung der Bourbon-Rose hatte der Zufall seine Hand im Spiel.

Das Kloster Kostanjevica birgt, hoch über der Stadt, die letzte Ruhestätte des hier verstorbenen Bourbonen-Königs

Die Diva im rot-rosa Kleid

Die Diva im rot-rosa Kleid

versuchten ihr Glück mit dem Anbau von Zuckerrohr und Vanille. Ein Gärtner in den Diensten eines dieser Plantagenbesitzer hatte den Auftrag, um das Grundstück seines Herren eine Hecke zu errichten. Er setzte beliebig Rosensträucher nebeneinander. Der Zufall wollte es, dass zwei von ihnen ein inniges Verhältnis zueinander entwickelten. Das war die Geburtsstunde der ersten Bourbon-Rose." Edi lacht. „Sie ist das Produkt einer flüchtigen Affäre zwischen der aus China stammenden und über den Seeweg auf die Insel gelangten Rosa chinensis (engl. ‚Parson's Pink') und der Rosa damascena perpetua, auch ‚Autumn Damask' oder ‚Quatre Saisons' genannt."

„Und wie sollen wir uns dieses Kind der Liebe vorstellen?"

„Wuchshöhe ein bis zwei Meter. Dezent duftende Blüten mit einem Durchmesser von vier bis fünf Zentimetern", so die fachkundige Antwort.

„Der stolze Direktor des botanischen Gartens", fährt Edi nach einer Pause fort, „schickte die Samen nach Frankreich. Man schrieb das Jahr 1819. In Paris fiel den Gärtnern sofort auf, dass es sich um neue, sich von den europäischen sehr stark unterscheidende Rosen handelte. Im Laufe der Jahre fanden Kreuzungen und Rückkreuzungen statt und es wurden Rosen ‚produziert', die bis 1910 nahezu konkurrenzlos dastanden. Eine Sensation ersten Ranges dabei war, dass sie stark dufteten und die meisten von ihnen vom Frühling bis zum Herbst blühten. Das gab es bis dato in Europa noch nicht. Die Roseraie du Val-de-Marne, ein Garten in der Nähe von Paris, beherbergt bis heute die größte Sammlung dieser Rosen weltweit."

„Und wie kommt es, dass Nova Gorica auf dieser Rangliste Platz 2 einnimmt? Hattest du etwa deine Hand im Spiel? Ich kann mir gut vorstellen, dass du es warst, der entschied, Bourbon-Rosen anzupflanzen. Weil das Kloster für Fans der Bourbonen-Dynastie eine starke Anziehungskraft hat. Stimmt's?"

Über Jahrhunderte hat der europäische Adel Kostanjevica mit dem französischen Königshaus in Verbindung gebracht. Die Damen und Herren pilgerten aus ganz Europa hierher, um dem seit 1839 in der Krypta begrabenen Charles X. die letzte Ehre zu erweisen.

„Nein, nein", beteuert Edi. „Die Idee lag irgendwie in der Luft." Jedenfalls – da sind wir beide uns einig – bekam Nova Gorica, das im Vergleich zu Gorizia arm an historischen Bauten ist, fast über Nacht eine Touristenattraktion.

Am Fuße eines jeden Rosenstockes steckt eine kleine Tafel in der Erde. „Mme Pierre Oger", „La Reine Victoria", „Zephyrine Drouhin"... Die klangvollen Namen regen die Phantasie an, machen neugierig. „Grob gesprochen, gibt es zwei Arten von Bourbon-Rosen", erklärt mir Edi. „Diejenigen, die von der chinesischen Ur-Mutter abstammen. Und andere, die ihren Damaszener Vorfahren ähnlich sind. Zu ihnen zählen etwa die ‚Bourbon Queen' und ‚Souvenir de la Malmaison'." Beide Gattungen sind so verschieden wie Sonne und Mond: Die einen zeichnen sich durch mehr Biegsamkeit, flexiblere Triebe und weniger Dornen aus, die anderen durch viele Dornen und einen starren, aufrechten Wuchs.

# Nova Gorica – Stadt der Rosen

Honorine de Brabant, die Rose im gestreiften Kleid

„Und das hier" – Edi greift vorsichtig nach einem Stängel und biegt ihn so, dass ich die Blüte besser sehen kann – „ist ‚Zephyrine Drouhin', eine Mutation aus dem Jahr 1868, auch als ‚Rose ohne Dornen' bekannt. Und diese hier ist in unserem Garten geboren, sie heißt ‚Kathleen Harrop', ebenfalls stachellos, mit hellrosa Blüten." Zum ersten Mal ist in Edis Stimme Stolz zu hören. Sofort fällt mir der intensive Duft auf. Edi lächelt. „Rosen ohne Dornen duften mehr als andere, so als würden sie versuchen, diesen Makel wettzumachen."

Hört man Edi zu, nehmen die Rosen plötzlich menschliche Züge an. Sie sind für ihn wie Lebewesen. Einmal spricht er von ihrem Gesicht. Dann von ihrem Charakter, ihrer Anmut, ihrer Widerstandsfähigkeit.

Oder von ihrem Temperament wie beim „Zigeunerknaben", der sich durch seine besonders lebhafte Farbe auszeichnet. Auch Eltern werden den Blumen zugeschrieben und natürlich eine Geburtsstunde. „Diese Rose hier", meint Edi, „hat ein Antlitz, das mich an

Die Diva im rot-rosa Kleid

Gemälde alter Meister erinnert. Sie heißt ‚Anais'. Ihre üppigen und gut duftenden Blüten leuchten in einem Mauve-Rosa, das zum Rand hin heller wird."

„Und wer war Edouard, nach dem die ‚Rose Edouard', die erste Bourbon-Rose, benannt ist?", will ich wissen. „Handelt es sich vielleicht um den Gärtner, der die beiden Sträucher, ohne zu ahnen, was er damit auslösen sollte, nebeneinander pflanzte? Oder um den Besitzer der Plantage?"

Edi schüttelt den Kopf. „Wir wissen es nicht. Anders verhält es sich bei ‚Joseph Paxton'", erklärt er. „Wenn du im Londoner Hyde Park warst und Bilder seines weltberühmten Kristallpalasts gesehen hast, weißt du, wer dieser Engländer war. Er brachte es vom einfachen Gärtner zum Architekten. Die Zucht und Pflege exotischer Gewächse war seine Leidenschaft. Die nach ihm benannte Bourbon-Rose wurde 1852 in Frankreich gezüchtet. Eltern: unbekannt."

Edi zeigt jetzt auf zwei ganz besondere Exemplare. „Die beiden hier sind zweifärbig, schau! Das hier ist ‚Honorine de Brabant', ihr zartrosa Kleid ist mit lila Punkten und Streifen übersät. Und wie gut sie riecht!" Ich beuge mich über die große becherförmige Blüte und nehme sofort einen intensiven Duft nach Honig wahr. „Züchter und Herkunft unbekannt. Eltern ebenfalls", kommentiert Edi. „Die andere hier", fährt er fort, „heißt ‚Variagata di Bologna'. Sie stammt aus Italien, wo sie 1909 gezüchtet wurde. Sieh dir einmal ihre Blüten an! Wie groß die sind! Gut acht Zentimeter ... Und so lustig gesprenkelt!"

Zum Abschluss gehen wir ein Stück den Hang hinunter und Edi zeigt auf Beete mit gelben Rosen. Sie säumen den Weg bis hinunter zur Stadt. Es sind keine Bourbon-Rosen, merkt er an, denn die gibt es nur in den Farbschattierungen von Weiß bis Rot. „Gelbe Rosen stammen aus Persien und sind bei uns erst im 20. Jahrhundert aufgetaucht", erklärt er. „Diese hier heißen ‚Gloria Dei'. Ein französischer Rosenzüchter brachte sie 1945 unter dem Namen ‚Madame A. Meilland' in den Handel. Ihr italienischer Name ‚Gioia' bedeutet ‚Freude' und würdigt vor allem ihre äußere Schönheit. Die Amerikaner tauften das gelbe Prachtstück auf den Namen ‚Peace', weil sie 1945 ein baldiges Kriegsende ersehnten."

Ob „Gloria Dei", „Gioia" oder „Peace", denke ich, jeder dieser Namen liest sich wie eine geheime Botschaft, die beide im Tal liegenden Städte – Nova Gorica und Gorizia – erreichen soll.

> Sieh dir diese Blüten an! Wie groß sie sind!

Die Diva im rot-rosa Kleid

Der Klostergarten – ein Refugium für Ruhesuchende

# Gorizianische Gartenpracht

Franziskanerkloster Kostanjevica / Samostan Kostanjevica

Zirka 30 Minuten dauert der Aufstieg vom Stadtzentrum auf den Berg Kostanjevica mit seinem von Weitem sichtbaren Kloster. Von der Existenz des Rosengartens wissen nicht alle, die sich hier herauf auf den Weg machen. Er liegt im privaten Teil des Klosters. Man betritt ihn durch ein Seitentor. Der Besuch des Klostergartens ist kostenlos, jedoch empfiehlt es sich, ein Mail an Pater David zu schreiben.

Škrabčeva ulica 1
info@samostan-kostanjevica.si

www.samostan-kostanjevica.si

Festival der Rosen

In Nova Gorica blühen das ganze Jahr über 12.000 Rosen auf einer Fläche von 1.900 Quadratmetern. Die Stadt trägt die Rose im Wappen, und alljährlich, von Ende April bis Ende Mai, wird sie bei einem Festival gebührend gefeiert. Im Mittelpunkt des Geschehens steht der Garten des Franziskanerklosters, aber es gibt auch Ausstellungen, Vorträge, Kreativworkshops, Verkostungen und Degustationsmenüs mit Ravioli auf Rosencreme, Rosen-Gnocchi und Rosen-Štruklji.

www.vipavskadolina.si/splosno/festival-vrtnic

## Tag der offenen Tür in den Gärten der Region

Jedes Jahr im Frühling öffnen die Gärten von Gorizia ihre Tore für Besucherinnen und Besucher. Einen ganzen Tag lang darf in duftenden Grünräumen gelustwandelt werden.

www.amicingiardino.it/giardini-aperti

## Giardino Viatori

Lucio Viatori wurde von seinen Weggefährten „il signore dei fiori", der Herr der Blumen, genannt. Er verbrachte Zeit seines Lebens fast jede freie Minute in seinem Garten. Am Stadtrand von Gorizia gelegen, gleicht der Garten einem Meer aus duftenden Blüten. Besichtigung von Ende März bis Ende Juni. Am Wochenende auch mit fachkundiger Führung.

Via Forte del Bosco 28

www.aglv.org

## „La Rosa di Gorizia" – Köstlichkeiten auf dem Teller

Diese besondere Sorte des Radicchio Rosso leuchtet rot-violett am Teller und schmeckt am Gaumen leicht bitter und knackig-frisch. Sie gedeiht nur hier, im nordöstlichsten Winkel Italiens an der Grenze zu Slowenien, wo sie Solkanski radič heißt. Nur wenige Bauern bauen sie noch an. Sie wird ähnlich wie die Trüffel als Spezialität gehandelt und von Jänner bis Februar in den Trattorien und Gostilnas der Region angeboten.

Radicchio Rosso – die Rose am Teller

## Giardino di Palazzo Attems Santacroce

Im Jahr 1740 wurde der Stadtpalast von Cristiano d'Attems Santacroce nach einem Entwurf erbaut, der Nicolò Pacassi zugeschrieben wird. Eine Karte aus dem Jahr 1756 dokumentiert das Vorhandensein eines Gartens auf der Rückseite. Der allgemeine axial-geometrische Grundriss lässt auf eine einheitliche Gestaltung von Architektur und Grün schließen.

Piazza del Municipio 1

## Park der Villa Rafut

Erst vor kurzem der Öffentlichkeit übergeben, gehört dieser Park zu einer exzentrischen Villa im orientalischen Stil, die um 1900 von Anton Laščak, einem Architekten, der vor allem in Ägypten gebaut hat, errichtet wurde. Auch sämtliche bis dato in diesem geografischen Raum nie gesehenen Gewächse wurden aus Ägypten importiert.

Kostanjeviška cesta 16

www.vipavskadolina.si/de

## Park der Villa Ritter

Guglielmo Ritter, ein erfolgreicher Industrieller, bewohnte im Vorort Straccis am Ufer des Isonzo eine Villa aus dem 19. Jahrhundert und machte den 1872 im englischen Stil entworfenen Park zu einem Ort für botanische Experimente, indem er exotische Pflanzen sowohl im Freien als auch in Gewächshäusern anbaute.

Via Brigata Pavia 140

Exzentrisch & eklektisch – die Villa Rafut des Architekten Antonio Lasciac

# Den Schmugglerinnen auf der Spur

## Geschichten einer Grenze, die – gottlob – keine mehr ist.

Die Tatsache, dass Italien wie auch Slowenien es wert finden, die Grenze und die damit verbundene Schmugglertätigkeit für künftige Generationen zu dokumentieren, verleitet zum Schmunzeln und wird heute allseits als Sieg gewertet, als Bereinigung schwelender Konflikte.

„Juli 1970: Noch heute kann ich diese endlosen Minuten am Grenzübergang Casa Rossa beschreiben: Ich schaue mich um, ich schwitze stark, die Stille im Auto ist beklemmend. Was habe ich falsch gemacht? Ich habe doch nur meine Eltern um ein neues Bett gebeten."

# Erzählungen über die Grenze sind in jeder Familie vorhanden.

„‚Wirst du in Jugoslawien ein Bett kaufen?', hatten die erstaunten Verwandten meine Mutter gefragt. ‚Es ist die Hälfte des Preises', antwortete sie ihnen hastig. ‚Ja, aber die Grenze …!', beharrten die anderen in vorwurfsvollem Ton. 51 Jahre später denke ich an diesen Tag zurück und fühle immer noch die Angst dieser Feuertaufe an der Grenze zu Jugoslawien. Aber das bei Meblo erstandene Bett ist immer noch wie neu. In der Familie betrachteten wir es als Trophäe."

Der Erzähler, damals ein achtjähriges Kind, wird später noch oft das legendäre Zollgebäude der Casa Rossa hinter sich lassen, immer mit gemischten Gefühlen, doch am berührendsten, so schreibt er, war das Erlebnis in der Nacht vom 20. Dezember 2007, als der Schranken für immer geöffnet blieb. Slowenien war in den Schengen-Raum aufgenommen worden: Es gab keine Grenzen mehr, keine Pässe und kein Prepustnica, wie das legendäre Laissez-passer-Dokument auf Slowenisch hieß.

Doch das Trauma ist geblieben. Alle hier wissen, dass sie noch vorhanden ist, die Grenze. Geschichten über sie sammeln sich an wie Staub, zunächst unsichtbar und doch präsent in jeder Familie.

„Ich wurde 1948 mit dieser Grenze geboren", schreibt die Regisseurin Nadja Velušček. Meine Mutter stammte aus Gorizia, mein Vater aus dem Soča-Tal. Sie heirateten, und die Grenze schloss sich undurchdringlich hinter ihnen. Von diesem Moment an stießen mein Leben, das Leben meiner Familie und das aller Menschen hier gegen eine unsichtbare, aber dafür umso undurchdringlichere Mauer, die nicht nur Straßen und Gärten, sondern auch Gefühle, Gedanken und Erwartungen durchquerte."

Mit ihrem Film „Moja Meja" (dt. „Meine Grenze") wollte sie denjenigen eine Stimme geben, die geboren wurden, als ihre Welt noch nicht geteilt war und die am meisten unter den Folgen politischer und diplomatischer Entscheidungen zu leiden hatten. Was damals geschah, interpretiert jede Seite anders. Die jugoslawischen Partisaneneinheiten, die Gorizia nach Beendigung des Krieges besetzt hielten, betrachteten sich als Befreier. Die Italiener sprechen hingegen von 40 Tagen in der Hölle und meinen damit die Vergeltungsmaßnahmen gegen Anhänger des Faschismus.

Zwei Jahre lang, bis 1947, demonstrierten die Menschen aus Slowenien und Italien abwechselnd, um zu signalisieren, dass Gorizia „ihre" Stadt sei. Es kam zu Straßenschlachten. Daraufhin beschloss die Alliierten-Kommission – bestehend aus den Siegermächten USA, Großbritannien, der Sowjetunion und Frankreich –, vorübergehend eine Trennlinie zu ziehen. Was zuerst nur ein weißer Strich auf dem Asphalt war, wurde zu einem Draht- und zuletzt zu einem Betonzaun. Auf der einen Seite befand sich die historische Stadt Gorizia, auf der anderen, der jugoslawischen Seite, lagen ein paar verstreute Siedlungen, deren Bewohner plötzlich von Ämtern, Schulen und Spitälern abgeschnitten waren. Auf dem Reißbrett entworfen, bauten Brigaden aus ganz Jugoslawien eine neue Stadt: Nova Gorica. Bis Mitte der 1950er Jahre, acht Jahre lang, war es strikt verboten, sich der Grenze zu nähern, selbst miteinander über den Zaun hinweg zu sprechen, war untersagt. Ein Versuch, ihn unerlaubt zu passieren, konnte das Leben kosten. Die willkürlich gezogene Trennlinie ging quer durch den Friedhof von Miren, und der haarsträubende Akt führte plötzlich dazu, dass ein Haus von seinem Stall getrennt wurde, eine Kuh mit einem Bein in Italien und mit dem anderen in Jugoslawien stand, ein Brautpaar Glückwünsche der Verwandten über den Zaun hinweg entgegennahm. Einmal kursierte eine aufregende Meldung: Die Grenze sei für einen Tag lang geöffnet, hieß es. Es war an einem Sonntag, im August 1950. Die geschäftstüchtigen Händler in Gorizia sperrten sofort ihre Läden auf und die slowenischen Hausfrauen stürzten sich in die Via Rastello. Was sie erbeuteten und lachend in die Kamera hielten, waren Strohbesen. Ein alltägliches Gut, das im Nachkriegsjugoslawien zur Mangelware geworden war. Geschichten wie diese sind fest im kollektiven Bewusstsein verankert. Hört man sie an, setzen sie sich zu einem beklemmenden Mosaik zusammen.

Das auf italienischer Seite 2023 eröffnete Museo del Lasciapassare/Prepustnica in der Via del Rafut bringt multimediale Mittel sehr gekonnt zum Einsatz, um der berüchtigten „weißen Linie" gerecht zu werden. Zu sehen ist ein großer zweigeteilter Bildschirm, durchzogen von einer weißen Linie. Ein Hier und ein Dort. Über Archivbilder werden zwei Standpunkte erzählt – der italienische und der jugoslawische. Am Ausdruck der kommentarlos an die Wand projizierten Gesichter lässt sich die Atmosphäre nachempfinden, die damals herrschte, als Gorizia getrennt wurde. Die Menschen standen unter Schock.

Ihre Kinder, diejenigen, die in den 1950er Jahren geboren wurden, erlebten die Grenze nicht mehr als Trauma, sondern als Bereicherung, sahen es sogar als Privileg an, in diesem Winkel der Erde

Archivbilder zeigen Menschen unter Schock

Der weiße Strich – Symbol der Grenze

geboren zu sein. „Wir hatten das Gefühl", so der Bericht einer Babyboomerin, „die Welten wechseln zu können, wie es uns gefiel. Auf der anderen Seite der Grenze warteten andere Waren in den Geschäften, andere Vergnügungen, andere Verlockungen. Zeitungen und Bücher wurden gekauft, die es in Jugoslawien nicht gab. Oder LPs, die gerade im Radio vorgestellt worden waren. Man schmuggelte sie über die Grenze und verkaufte sie an die Diskothek von Nova Gorica. Umgekehrt strömten italienische Teenager in unsere Kinos, um Filme mit Brigitte Bardot zu sehen. Italien war da viel strikter mit dem Jugendverbot."

„Als man mit zwölf Jahren den Pass ausgehändigt bekam", berichtet eine andere Vertreterin dieser Generation, „war das wie eine Art Initiation. Eine Auszeichnung. Ein Privileg. Man setzte sich auf sein Fahrrad und fuhr rüber in eine andere Welt. Und kaufte Zigaretten. Niemand von uns hat unter der Grenze gelitten. Es hat Spaß gemacht zu schmuggeln, sich Verstecke auszudenken für die Geldscheine, die man ausgeben würde oder die man bekommen hatte. Im BH oder im Absatz der Schuhe. Jeder hat geschmuggelt. Jeder! Eier, Schnaps, Gemüse."

„Das Fleisch in Slowenien war günstiger", bestätigt ein weiterer Zeitzeuge. „Man hat es in Italien verkauft und einen kleinen Verdienst eingesteckt. Umgekehrt konnte man sich ‚drüben' mit Kaffee eindecken und ihn in Bosnien um 30 Prozent teurer verkaufen. Es war kein Business, das einen reich gemacht hat, aber man erzielte einen Gewinn, ein kleines Extra, mit dem man den Kindern oder sich selbst eine kleine Freude machen konnte."

Das Thema Schmuggel eignet sich hervorragend, um zwei Geschichten, geboren aus zwei gegensätzlichen ideologischen Hintergründen, zu erzählen. Das slowenische Museum am Grenzübergang Rožna Dolina tut dies mit sehr viel Humor. In den Vitrinen sind Artefakte ausgestellt, die einen ungeheuren Einfallsreichtum belegen. Prosciutto wurde unter Frauenröcken versteckt, Kaffee in einem Heuwagen, die Anzeige am Armaturenbrett manipuliert, um einen vollen Tank vorzutäuschen. Via Video laufen Interviews mit Zöllnern, Milizionären und Schmugglerinnen. Eine von ihnen berichtet, dass es männlichen Beamten untersagt war, Frauen oder Mädchen zu filzen. Deshalb hatten sie und ihre Freundinnen ein Geheimzeichen vereinbart, um einander zu informieren, sobald nur Graniciari, also männliche Beamte, Dienst hatten, und sie demnach nicht Gefahr liefen, kontrolliert zu werden. Eine Art Stille Post. Wenn beim Haus der Nachbarin die Fenster offenstanden, hieß das: Vorsicht! Eine Beamtin ist anwesend. Wenn sie geschlossen waren: Nur Männer da. Let's go!

Auf die Kinder der Babyboomer folgte die Generation Y. Für sie stellten die weltanschaulichen Gegensätze oder gegensätzlichen Weltanschauungen kein Problem mehr dar. Die Grenze war für sie nie ein Hindernis, sondern eine natürliche Gegebenheit, vertraut wie die wunderschöne Soča.

Das Aufwachsen an der Grenze entfaltete für die 1984 geborene Giustina Selvelli eine unwiderstehliche Anziehungskraft. „In gewisser Weise habe ich die Künstlichkeit der Grenze wahrgenommen, da ich keine wirkliche geografische Kluft zwischen den beiden Teilen erkennen konnte", schreibt sie in ihrem Buch „Capire il confine" (dt. „Die Grenze verstehen"). „Mir kam alles sehr idyllisch vor. Wie viele andere Familien überquerten meine Eltern, mein Bruder und ich am Samstag oder Sonntag mit der Sondergenehmigung, der Prepustnica, die nur Einheimische erhielten, die Grenze. Wir genossen Spaziergänge auf Wegen, die einem Märchen aus längst vergangenen Zeiten entsprungen zu sein schienen und gönnten uns anschließend ein herzhaftes Mittagessen in einer Gostilna, mit für uns in Italien lächerlich niedrigen Preisen: Kartoffeln mit viel Butter, Zwiebeln und Speck oder Palačinke, slowenische Crêpes, die mit Eurocrem, einer zweifärbigen jugoslawischen Nutella, gefüllt waren. Das Cockta, das jugoslawische Coca Cola und eine viel gesündere Variante auf Basis von aromatischen Kräutern, ist legendär gewesen, genauso wie das Laško-Bier oder das Radenska Mineralwasser – purer prickelnder slowenischer Nationalstolz."

Vanja, Jahrgang 1980, geboren im selben Jahr, in dem Tito starb, wuchs in Nova Gorica auf, wo sie heute eine Firma leitet, die zu 70 Prozent italienische Kundinnen und Kunden betreut. Sie liebte es, am Sonntag mit ihrem Vater nach Gorizia zu spazieren und ein gutes Eis zu essen, auch die jedes Jahr vor Weihnachten auf der Piazza Vittoria stattfindende Fiera mit Ringelspielen und Schießbuden ist ihr noch in guter Erinnerung. Als Teenager passierte sie jeden Tag die Grenze, da sie in Gorizia das Liceo classico besuchte, das schon seit 1871 als Unterrichtssprache Slowenisch anbot. Jeden Tag die Welten zu wechseln, war für sie ganz normal.

Zwei Städte – ein Gorizia? Oder Nova Gorica und Gorizia – eine Stadt? Diese Fragestellung beschäftigte lange Zeit die öffentliche Diskussion. Beide Varianten stehen für ein Zukunftsmodell, bei dem der geringste gemeinsame Nenner sein könnte, dass sich in

> Die Grenze war für die Generation nach den Babyboomern nie ein Hindernis, sondern natürliche Gegebenheit.

Supermärkten, Bars und Büros Leute in beiden Sprachen unterhalten. Oder Bewohnerinnen und Bewohner von da und dort dieselben Konzerte und Theateraufführungen besuchen. Oder dass zumindest das Tarifsystem für die Busse vereinheitlicht wird.

Für die Generation Z, geboren zwischen den Jahren 1995 und 2010, gibt es keine Grenze mehr. Sie kennen nichts anderes als den freien Verkehr von Personen, Waren und Dienstleistungen. Als 2020 aufgrund der Pandemie plötzlich über Nacht ein Stacheldraht Italien und Slowenien trennte, wussten die Zwanzig- oder Dreißigjährigen nicht, wie sie damit umgehen sollten. Also versuchten sie es spielerisch. Reichten sich dringend benötigte Dinge über den Zaun. Spielten Volleyball oder Tennis und öffneten schließlich die Border-Bar, mit jeweils einer Ausschank diesseits und jenseits des Zaunes.

Dass Nova Gorica und Gorizia den Zuschlag für die europäische Kulturhauptstadt 2025 erhalten haben, beruht auf ihrer Einzigartigkeit – dem Phänomen zweier historisch, sozial und architektonisch völlig unterschiedlicher Städte, die sich im selben territorialen Raum befinden. Dank dieser Assets haben sie sich gegenüber anderen, besser bemittelten Bewerbern wie Ljubljana oder Piran durchgesetzt.

Oder um es mit den Worten einer 90-jährigen Influencerin aus Triest zu sagen: Der ehemalige Rafut-Grenzübergang spiegelt das Leid vieler Frauen und Männer wider, die lange durch die Grenze getrennt waren, ist aber gleichzeitig ein Leuchtfeuer, das die wichtigste Wahrheit erhellt: Am Ende gewinnt, wer wagt.

Damen-Dessous – Verstecke der Schmugglerinnen

Westliche Konsumgüter – begehrte Waren im Jugoslawien der 60er Jahre

# Grenzgängerinnen

## Muzejska zbirka Pristava/Museum Pristava

Dort, wo Zollbeamte jahrzehntelang die ertappten Schmugglerinnen verhört haben, befindet sich heute ein kleines Museum. Nicht nur, dass es äußerst ulkige Gegenstände zu sehen gibt, hört man via Video Betroffene erzählen, welche Verstecke sie sich ausgedacht haben und welche Waren am begehrtesten waren. Um das Thema Schmuggel auf spielerische Art zu vermitteln, wurde auch ein Escape Room eingerichtet.

Kostanjeviška cesta 32
Nova Gorica

www.goriskimuzej.si

## Museum Lasciapassare/Prepustnica

Ein suggestiver Ort, der auf italienischer Seite durch Fotos und Multimedia-Installationen zu vermitteln versucht, was es für die Menschen bedeutete, eines Tages an einer streng bewachten Grenze aufzuwachen.

Lasciapassare/Prepustnica
Via del Rafut 51
Gorizia

www.quarantasettezeroquattro.it/produzioni/lasciapassare

## Literatur

Giustina Selvelli: Capire il confine. Gorizia e Nova Gorica: lo sguardo di un'antropologa indaga la frontiera, Bottega Errante Edizioni, Udine 2024

# Bike-Tour mit Bacchus

Einmal im Jahr treffen sich Vintage-Bike-Fans der Region zu einem ausgelassenen Ausflug durch den Collio in Italien und Goriška Brda in Slowenien. Ein Erlebnis!

 Der Collio (slow. Goriška Brda) ist eine Gegend, die seit Jahrhunderten die besten Weißweine weit und breit hervorbringt. Ein Landstrich, der zwischen zwei Ländern aufgeteilt ist und dennoch eine Einheit bildet. Ein Gebiet schließlich, das so schön ist, dass es in aller Ruhe entdeckt werden sollte, im Slow-Motion-Modus. Am besten auf zwei Rädern!

Fahrradglocken bimmeln, lachende Gesichter überall. In der Menge zarte Frauen mit starken Waden und drahtige Männer in engen Trägerhosen. An den Radständern blitzen Bianchi-, De Rosa- und Pinarello-Fabrikate auf – Kultgeräte, die gar nicht weit von hier produziert werden.

Zum sechsten Mal bereits geht die „Collio Brda Classic"-Freundschaftstour in Cormòns an den Start. Die Stimmung ist schon jetzt ausgelassen, noch bevor die Endorphine durch den Körper wirbeln. Als wäre das hier der Giro d'Italia. Alle, die ein legendäres Bike im Keller stehen haben, sollen es auf Hochglanz bringen und teilnehmen – so das Credo der Veranstalter. Zugelassen sind nur Rennräder, und da wiederum nur solche, die bis 1987 oder nach historischem Vorbild gebaut worden sind.

Zu den Bedingungen fürs Mitmachen gehört auch, dass die Teilnehmerinnen und Teilnehmer im Retro-Look erscheinen. In Italien, das für Design, Stil und Eleganz steht, wird eben nicht einfach nur Rad gefahren, nicht einfach eine Radlerhose angezogen, die mit Sicherheit die Silhouette unvorteilhaft verformen würde. Hier wird eine Vintage Rallye veranstaltet, mit Originaloutfits aus den Fifties und Sixties.

Helme, Schuhe und Handschuhe – aus Leder, kein Kunststoff! –, alles ist retro. Selbst die Socken! Einer trägt ein Wollshirt von Vito Ortelli, der 1942 den Giro della Toscana und 1945 das Mailand-Turin-Rennen gewann. Ein anderer hat den Namen Gastone Nencini auf dem Trikot stehen – eine Hommage an den Gesamtsieger der Tour de France 1960.

Ein halbes Jahr haben die Teams an der Entwicklung der Route getüftelt und jetzt ist es so weit: 180 Teilnehmerinnen und Teilnehmer stehen erwartungsvoll auf der Piazza Libertà. Die Moderatorin greift zum Mikrofon. Eine nicht auf Wettbewerb ausgerichtete Fahrt solle es werden, verkündet sie, eine, die dennoch den Kampfgeist wachhält und Spaß macht. Dann begrüßt sie die Vereine und

Warten auf den Startschuss

den Ehrengast – eine Radlerin, die einiges an Kilometern in den Beinen hat: rund 15.000 absolviert sie pro Jahr!

Noch schnell ein Espresso zur Stärkung ...

Die ersten 40 Minuten vergehen ohne nennenswerte Anstrengung. Wir fahren durch flaches Land, Weinstöcke, so weit das Auge reicht, in der Ferne die Berge. Linkerhand taucht das Castello di Spessa auf, leicht erkennbar an dem mit Zinnen geschmückten Turm und bekannt dafür, dass Casanova hier 1773 nächtigte. Er hoffte, ein Feenschloss vorzufinden, und war not amused, als man ihm eine Dachkammer zuwies. Er soll bald wieder abgereist sein, erzählt man sich.

Vor Capriva del Fiuli kündigt ein Schild die Villa Russiz an. Ein Ort, der mit Wein und wahrer Liebe in Verbindung gebracht wird. Die Protagonisten: Graf und Gräfin La Tour, er Franzose, sie Wienerin, er Katholik, sie Protestantin. Den vorherrschenden Vorurteilen zum Trotz heirateten die beiden, er widmete sich dem Weinbau und sie gründete eine Schule, was für Ende des 19. Jahrhunderts revolutionär war. Bis heute steht die Villa Russiz für erstklassige Weißweine, deren Ertrag einem Waisenhaus zugutekommt.

Der Weg verläuft weiter im Flachland entlang eines Baches. Die Ortschaften San Lorenzo Isontino, Mossa, Lucinico ziehen an uns vorbei. Wir rollen mit Rückenwind Richtung Isonzo. Die Burg von Gorizia dient uns als Orientierung.

Am Straßenrand machen sich drei Männer in roten Trikots mit der Aufschrift „Grado Isola del Sole" an einem Wilier-Oldtimer zu schaffen. Offenbar hat dem Asphaltflitzer die schottrige Oberfläche des letzten Teilstückes nicht gutgetan. Reifenflicken gehört eben auch dazu ...

Vor der neuen Brücke über den Isonzo heißt es absitzen. In Zweierreihen überqueren wir die passerella ciclopedonale. Sie wurde erst vor zwei Jahren eröffnet, auch sie ein Symbol für die Aufhebung der Grenze und für das Bestreben, aus Gorizia und Nova Gorica eine Region mit attraktiven Freizeitangeboten zu machen. Das filigrane Bauwerk soll Offenheit vermitteln, die Bewohnerinnen und Bewohner ermutigen, am Wochenende loszuziehen von der Stadt in die Berge, von der Kultur aufs Land und umgekehrt.

Rundum nichts als Weinberge, bepflanzt mit Rebula oder italienisch Ribolla giallo, einer autochthonen Rebsorte, die seit Maria Theresias Zeiten in diesem Landstrich, egal ob er gerade zu Italien oder zu Slowenien gehörte, prächtig gedeiht. Der karge, „Opoka" genannte Boden verleihe den Weinen ihre charakteristische mineralische Note, heißt es.

Wir steuern Case Noris an – und diese Etappe stellt uns vor ernste Herausforderungen. Es geht bergauf entlang des Monte Sabotino. Eine Szene wird uns immer in Erinnerung bleiben: ein Hohlweg, ziemlich steil, schattig. Einige sind keuchend über den Lenker gebeugt und holen das Letzte aus sich heraus, andere geben auf und führen ihren Stahlflitzer neben sich her wie einen müden Gaul. Doch daran ist nichts auszusetzen, selbst der Mann im Olympia-Shirt ist sich dazu nicht zu gut! Das Ende dieses Abschnittes bildet eine asphaltierte Querstraße, wo die Vorhut wartet, johlt und jubelt und jene anfeuert, die nicht abgestiegen sind. „Bravissimo!", rufen sie, und „Allez! Allez! Vai!"

Wie sich dann herausstellen sollte, galten die Zurufe den ältesten Teilnehmern der Collio Brda Classic: Romano, 85, ein Veteran, der es sich nicht nehmen lässt, jedes Mal mit dabei zu sein, und Helga, elegant in ein schwarz-weißes Outfit gekleidet, mit 68 die älteste Dame der Tour – eine Österreicherin, die schon 17 Mal eine solche Ausfahrt absolviert hat, mittlerweile gut trainiert ist, doch anfangs so unbedarft war wie ein Deutscher, der in Flip-Flops auf den Dachstein geht, wird sie später bei einer Rast erzählen.

Nach dem Anstieg treffen alle nach und nach in der ersten Labstelle, der Villa Vasi, ein.

Sie liegt etwa 200 Meter über dem Meeresspiegel und die Aussicht ist wirklich spektakulär: wie von einem Balkon aus, der das Isonzo-Tal und die Städte Nova Gorica und Gorizia überragt. Auch Oslavia mit dem monumentalen Militärdenkmal ist zu sehen. Dort liegt das Epizentrum der Orange-Wein-Szene. Von dort ging in den 1990er Jahren eine Revolution aus. Die Geschichte, wie Joško Gravner die riesigen Amphoren aus Georgien mit dem Lkw hat herbeischaffen lassen, wird bis heute erzählt. Die Stahltanks, die Barriquefässer und alle modernen Gerätschaften hat er über Nacht entsorgt, den Wein stattdessen in Kvevris – traditionellen Tongefäßen aus dem Kaukasus – reifen lassen. Ganz ohne chemische Zusätze.

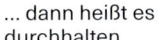
... dann heißt es durchhalten

Bike-Tour mit Bacchus

Weingläser klirren, vom Grill duftet es nach gebratenem Fleisch, Kuchenstücke türmen sich auf Tellern auf. Schön, Teil dieser Festtagsstimmung zu sein! Ein Auto quält sich den Berg hinauf. „Avanti Signora!", rufen die Radlerinnen und Radler übermütig. Es ist ein Moment des ausgelassenen Feierns, aber auch einer der Zurschaustellung, der Selfie-Sessions mit all den Retro-Rädern.

Aus mehreren Champagnerkühlern ragen die Hälse von Weinflaschen hervor. Vor der Ausschank bilden sich Schlangen. Für jeden und jede ist nicht mehr als ein Glas vorgesehen, also wird es bei der Weiterfahrt wegen zu vieler Promille keine Probleme geben.

Nach der Rast führt uns die nächste Etappe zur ehemaligen Staatsgrenze. Bei der Tankstelle in Dolnji Konec kommt der ganze Haufen zum Stillstand. Was ist los?

Einige sind spaßhalber in die Rolle der Zollbeamten geschlüpft und drücken einen Stempel auf ein kleines Stück Papier. Die Propusnicas genannten Pässe sind jedem und jeder hier noch in Erinnerung. Sie dienten den Einheimischen dazu, die kleinen Übergänge in den Weinbergen zu passieren. Seit 2007 existieren keine Grenzblöcke mehr, ein historischer Moment, dem dieses kurze Intermezzo gewidmet war.

Wir biegen ab und gleiten hinüber auf die slowenische Seite, folgen der Straße nach Dolnje Cerovo. Was mir sofort auffällt: Hier ist es hügeliger. Die Dörfer liegen verstreut in der Landschaft. Einige kompakt wie Vogelnester, andere langgestreckt mit Häusern, die sich entlang des Hügelkamms verteilen. Jede noch so kleine Anhöhe hat ihren eigenen Weinberg, fast jedes Haus ist ein Gutshof, und fast alle Menschen hier leben vom Weinbau.

Früher mussten die slowenischen Winzer ihre Trauben an die staatliche Genossenschaft abgeben. Ab 1992 entstanden auch in Slowenien private Weingüter. Seit dem Jahr 2000 nimmt der Tourismus in der Goriška Brda rapide zu. Begonnen hat es mit vielleicht 30 Betten, heute sind es mehr als 500.

Hinter jeder Biegung des Weges wartet etwas Neues, ein neuer Blickfang: Zypressenalleen, alte Gehöfte mit roten Ziegeldächern, Terrassen unter Weinlauben, kleine Kirchlein mit spitzen Türmen. „No Pizza no Coke" steht auf einer Hauswand.

Bei einer rasanten Bergabfahrt zieht alles wie im Zeitraffer an mir vorbei und es tauchen Erinnerungen an die 1990er Jahre auf, als ich die Gegend zum ersten Mal besuchte. War es in Medana? Dobrovo oder Plešivo? Ich weiß es nicht mehr ... Es herrschte ein richtiger Rummel, ein paar Musiker spielten auf, vor dem Eingang zum Weinkeller standen Tische, jemand bemühte sich, den auf seinem Gestell eingespannten Pršut (Prosciutto) möglichst dünn und regelmäßig aufzuschneiden, helfende Hände trugen lautlos Tabletts weg und brachten immer wieder neue. Ungefähr ein Dutzend Winzer standen hinter den Tischen und schenkten gut gelaunt ihre Weine aus. Heute sind sie Stars der Szene: Aleš Kristančič, das Enfant terrible, Aleks Klinec, der Intellektuelle und Stojan Sčurek, der Beschauliche.

> Hinter jeder Biegung liegt etwas Neues: Zypressenalleen, alte Gehöfte, kleine Kirchlein, Terrassen unter Weinlauben.

Picknickplätze laden zur Rast ein

Allmählich macht sich die Anstrengung bemerkbar, es wird weniger geplaudert und gescherzt. Was man erlebt, gekostet, wahrgenommen hat, setzt sich allmählich als Erinnerung fest. Der Aufstieg auf den Monte Quarin bildet die letzte Herausforderung der Tour, da plagt sich eine jede und ein jeder. In Dolegna di Collio erreichen wir wieder italienisches Gebiet. Wie bei einer Party ist im Agriturismo Casa Delle Rose alles für unsere Ankunft vorbereitet. Weiße Tischtücher, aufgereihte Gläser, frisches Brot und Käse. Eine Terrasse und ein Rasenstück unter alten Bäumen bieten „Ruheräume". Die kühlen Getränke tun gut und der Ausblick beflügelt.

Der Rückweg führt uns durch eine biblisch schöne Landschaft, geprägt von Zypressenalleen und sich wellenförmig an die Hügel anschmiegende Weinstöcke. Es geht bergab, und nur einmal machen wir Halt bei einem der knallgelben Fenster, die da und dort an prominenter Stelle stehen. Sie sind mit QR-Codes ausgestattet und können als Info-Punkt, Selfie-Spot oder als Picknickplatz genutzt werden.

Zurück in Cormòns strömt alles Richtung Piazza XXIV Maggio. Es ist ein Mordsspektakel, hunderte Schaulustige mischen sich unter das Radvolk. Die Moderatorin ist auch wieder da, auf Heurigenbänken aufgereiht sitzen die Bikerinnen und Biker und verzehren eine wohlverdiente Portion Pasta, die im Startgeld inkludiert ist. Auf der Bühne läuft die Preisverleihung. Die Siegerinnen und Sieger werden per Nummer aufgerufen. Eine Trophäe erhält, wer Geburtstag hat, wer am weitesten angereist ist und natürlich wer das eleganteste Outfit trägt. Die Stimmung könnte besser nicht sein. Als Romano, der Held der Tour, die Bühne betritt und das gelbe Trikot in Empfang nimmt, ertönt frenetischer Applaus.

Friedlicher Ausklang der Rad-Rallye auf den ebenen Wegen im Weinland kurz vor Cormòns

# Unterwegs im Görzer Hügelland

### Rad-Event Collio Brda Classic

„Collio Brda Classic" nennt sich ein grenzüberschreitender italienisch-slowenischer Radausflug, der jedes Jahr im September stattfindet. An den Start gehen ausschließlich Teilnehmerinnen und Teilnehmer mit Vintage-Fahrrädern und in Original-Outfits aus den Fifties und Sixties.

www.colliobrdaclassic.net

### Le Finestre sul Collio

Gelbe Selfie-Spots am Wegesrand laden dazu ein, Halt zu machen und den Ausblick zu genießen. Hier steht die Zeit einen Moment lang still.

www.colliobrdawelcome.com

### La Tavernetta al Castello

Die Schloss-Taverne wird gerne wegen ihrer schattigen Terrassen besucht. Von hier lassen sich die Landschaft und das Schloss wunderbar überblicken. Raffinierte regionale Küche mit Fleisch- und Fischgerichten.

Via Spessa 7
Capriva del Friuli

www.castellodispessa.it/de

## Villa Russiz

Die 1872 im neugotischen Stil fertiggestellte Villa war als Wohnsitz des Grafen La Tour und seiner Frau gedacht. Das dazugehörige Weingut hat Erfolgsgeschichte geschrieben, dank der aus Frankreich importierten Setzlinge. Im Rahmen einer Verkostung wird auch eine Führung durch die im Originalzustand belassenen Innenräume geboten.

Via Russiz 4
Capriva del Friuli

www.villarussiz.it/de

## Villa Vasi

Gianluca Pelizzon hat sich 2016 im Haus seiner Großeltern niedergelassen und produziert Weine mit großem Engagement, ohne Einsatz chemischer Herbizide, bei zahlreichen Sorten wird nur Gründüngung verwendet.

Località Villa Vasi 15
San Mauro

www.vinivillavasi.it

## Castello di Spessa

Wo Casanova enttäuschende Momente erlebte, wird heute gefeiert. Das beeindruckende Schloss dient als Hotel. Alle Räume sind mit Antiquitäten ausgestattet. Jedes Zimmer ist anders: unterschiedliche Stoffe, Farben und Stile. Historische Parkanlage, Spa und Golfplatz.

Via Spessa 1
Capriva del Friuli

www.castellosispessa.it/de

## Casa Delle Rose

Das Anwesen dominiert den höchstgelegenen Hügel der Gegend und an manchen Tagen reicht der Rundblick von den Alpen bis zur Adria. In der Küche steht der Hausherr selbst!

Frazione Ruttars 17
Dolegna del Collio

www.casadellerose.info

## Borgo Gradis'ciutta

Ein modernes Retreat in den Weinbergen, sehr ruhige Lage, 2022 in einem Herrenhaus aus dem 16. Jahrhundert eröffnet. Die Weine sind bio-zertifiziert und werden bei Verkostungen zu kleinen pikanten Häppchen serviert. Geboten werden außerdem Kurse für Hobby-Winzer, Yoga-Stunden und gemeinsames Kochen mit Chiara Canzonieri, einer beliebten Köchin aus Gorizia.

Località Giasbana 32/A
San Floriano del Collio

www.gradisciutta.eu

## Castelli aperti

Mehrmals pro Jahr, meist im Frühjahr und im Herbst, öffnen die herrschaftlichen Landsitze, die Burgen, Schlösser und Wehrbauten in Privatbesitz ihre Tore. Eine einmalige Gelegenheit, einen Blick hinter die Kulissen zu werfen.

www.consorziocastelli.it

## Weinwanderweg zu den Orange-Wine-Winzern

Dem Kultwein Rebula/Ribolla Gialla zu Ehren wurden in Oslavia orangenfarbene Bänke im modernen Design errichtet. Hier kann man Rast machen, den Blick genießen und sich via QR-Code über die Pioniere der Orange-Wine-Bewegung informieren.

APRO – Associazione Produttori Ribolla di Oslavia

www.ribolladioslavia.it

# Castello Formentini

Die Burg in San Floriano ist seit 500 Jahren im Besitz der gleichen Familie. Bei den Tagen der offenen Tür wird hier ein großes Mittelalterfest gefeiert, bei dem der Hausherr höchstpersönlich in eine Ritterrüstung schlüpft. In der Enoteca wird unter dem Porträt Franz Josephs I. Gulasch mit Polenta serviert und die Weine des Hauses werden ausgeschenkt.

Piazza della Libertà 3
San Floriano del Collio

www.castelloformentini.com

Das Castello Formentini: Fixpunkt einer jeden Tour durch den Collio

## Weingut Movia

Ein Traditionsweingut, geführt in der 8. Generation von Aleš Kristančič, einem Tausendsassa, einem Mann von unbändiger Energie, der in Paris, Dubai, Los Angeles und Hongkong genauso bekannt ist wie in seinem Dorf. Ihm verdankt Slowenien, auf der Weltkarte der Weine sichtbarer denn je zu sein.

Ceglo 18
Dobrovo

www.movia.si

## Weingut Klinec

Verkostet wird hier auf der Terrasse, die wie ein Felsvorsprung in ein Meer von Rebstöcken hinausragt. Der joviale Gastgeber ist der Intellektuelle unter den Winzerinnen und Winzern. In die Vergangenheit zurückschauen und dabei selbst zur Avantgarde werden, so sein Credo.

Medana 20
Dobrovo

www.klinec.si

## Weingut Stojan Ščurek

Ščurek ist einer der wenigen Winzer in Goriška Brda, die noch autochthone Rebsorten wie Bula, Pika Glera und Trzanka kultivieren. Diese sehr alten Gewächse ergeben mit Rebula und Sauvignon einen „Stara Brajda" genannten Tafelwein, der offen verkauft und nur im eigenen Weingut und einigen Gostiljnas der Gegend ausgeschenkt wird.

Plešivo 44
Dobrovo

www.scurek.com

## Nicht versäumen!

Ob Kirschblüte und -ernte im Frühjahr oder Weinlese und Martinigansl-Essen im Herbst – immer gibt es in den Ortschaften der Brda Grund zum Feiern.
Termine unter

www.brda.si

## Hiša Marica

Erste Adresse im mittelalterlichen Šmartno. An den Räumen mit den niedrigen Decken, den kleinen Fenstern und den Natursteinwänden hat sich kaum etwas verändert, seit hier von Nonna Marica für hungrige Mäuler Jota (Gemüsesuppe) oder Štrukli (Topfenstrudel) gekocht wurde.

Šmartno 33

www.marica.si

## Weingut Kabaj

Mit seiner ockerfarbenen Fassade und dem roten Ziegeldach gleicht das Anwesen einem Landgut in der Provence. Tatsächlich kommt der Hausherr aus Frankreich, was auch den verfeinerten Stil der „Brda cuisine" erklärt, die seine Frau nach alten Rezepten in der guten Stube auftragen lässt.

Šlovrenc 4
Dobrovo

www.kabaj.si

Die Villa Russiz aus 1872 – heute ein Luxushotel mit großem Park

# Zum Kaffee bei Signore Sirk

Joško Sirk ist die wohl schillerndste Figur der Gastro-Szene im Wein- und Hügelland um Gorizia.

Die meisten Menschen verschwenden während ihres gesamten Lebens keinen einzigen Gedanken an das große Ganze. Nicht so Joško Sirk. Der Pionier, der Vordenker, der begnadete Gastronom. Er hält gern die Fäden fest in der Hand, agiert aber nie in vorderster Reihe.

„Berühmt? Ich?" Schallendes Gelächter. „Ja, für meinen Essig bin ich berühmt! Auf traditionelle Weise hergestellt", sagt er mit gespieltem Pathos. An diesem Nachmittag im Mai trägt Joško Sirk ein Rauledersakko mit einem Seidenstecktuch. Er hält sich kerzengerade, und man ist verleitet zu fragen, welchen Sport er betreibt, lässt es dann aber lieber. Solche Fragen langweilen ihn. Sich nach seinem Alter zu erkundigen, ist ebenso unangebracht. Desgleichen, wann er geheiratet hat und wie alt seine Kinder sind. „Ich trage Schuhgröße 42", wirft er scherzend ein und lässt wieder sein Lachen erklingen. Details erscheinen ihm bedeutungslos, aber zu erzählen, wie „alles" begann, in diese Bitte willigt er ein.

„Wir schreiben das Jahr 1947", beginnt er seinen Rückblick, „das Jahr, in dem die Grenze zwischen Italien und Slowenien festgelegt wurde und man sich entscheiden musste: Hierbleiben oder fortgehen? Meine Familie hatte über Generationen in Višnjevik, einem kleinen Dorf in der Goriška Brda, gelebt, einer der schönsten Ecken hier.

Mein Vater entschied, alles zurückzulassen und nach Italien zu gehen. Unter den Armen in Višnjevik waren wir die Reichen gewesen, wir hatten einen Bauernhof, eine Osteria und auch ein bisschen Geld. Hier aber waren wir Arme unter Armen. Ich bin in einer schwierigen Zeit geboren, aufgewachsen unter friulanischen Kindern. Das erste Mal habe ich ein italienisches Wort gehört, als ich in die Schule kam. Zu Hause haben wir nur Slowenisch gesprochen.

Um aus der finanziellen Enge herauszukommen, haben mein Vater und meine Schwestern entschieden, eine Osteria zu eröffnen. Das hat augenblicklich unsere ökonomische Situation verändert, aber 1968 ist mein Vater gestorben. Meine Schwestern waren bereits verheiratet, hatten eine Familie und haben mir die Osteria überlassen. Ich war damals gerade einmal 16 Jahre alt und kannte ab da nur mehr Arbeit, Arbeit, Arbeit. Das Leben ging weiter. Doch noch heute bedaure ich es, nie Kirschen geklaut zu haben. Ja, nochmals 18 oder 19 Jahre alt sein zu können, das würde mir gefallen."

Vielleicht ist das der Grund für den Spaß, den Signore Sirk bei der Motorradtour hatte, von der er gerade zurückkommt. Fünf Wochen durch Argentinien und Bolivien! Seine Augen funkeln, und auf Insta dokumentieren Dutzende Fotos das fantastische Abenteuer.

Im Kamin knistert ein Feuer. Es sind keine Gäste im Haus, die Tische sind gedeckt, aber noch leer. An einem von ihnen gleich neben der Tür sitzt ein kleines Mädchen und bekommt gerade von seiner Großmutter eine Suppe aufgetragen. Joško streift sie mit dem Blick und erzählt weiter.

„Mit der Zeit habe ich die Osteria zu schätzen gelernt. Und dann" – er macht eine kleine Kunstpause – „verliebte sich ein wunderschönes Mädchen in mich." Sein Blick schweift hinüber zum Nachbartisch. „Loredana war damals erst 16 Jahre alt. Unsere

Familien kannten sich gut, hatten große Achtung voreinander. Oh, Signori Antoni, oh, Signori Sirk, hieß es immer, bis klar wurde, dass wir ‚rumgemacht' hatten. Dann brach das Chaos aus, denn Loredana sollte einen Arzt oder einen Anwalt heiraten, in keinem Fall aber durfte sie als Gastwirtin enden."

Joško fährt fort: „Wir waren sehr jung, aber wir hatten einen klaren Plan vor Augen. Wir würden keine Wirtsleute sein, wir würden die Trattoria nicht betreiben, um unser Leben zu finanzieren, sondern um einen Traum zu verwirklichen, und diesen Traum nannten wir ‚La Subida.'" Subida ist der Name des Ortes, in dem sie leben, mit seiner Chiesa del Cristo, einer in der friulanischen Welt bekannten Votivkirche.

Heute ist „La Subida" synonym für einen ganzen Komplex oder ein komplexes Ganzes („un posto complesso"), zu dem neben der Trattoria unter anderem auch Gästehäuser gehören und Joškos persönliches Steckenpferd, die Essig-Manufaktur.

Die Frage, was damals in den Anfängen gekocht wurde, schmettert der Padrone ab. Calma! Immer mit der Ruhe! Wir sind noch nicht so weit, um über die Speisen zu sprechen, wir sprechen über den Traum.

„Ich wollte das Gasthaus meiner Vorfahren in eine trattoria di qualità umwandeln. Also den Sprung schaffen von einer Osteria, wo getrunken wurde und geraucht, Karten gespielt und manchmal auch gerauft, zu einem Ort, wo Vorbeikommende immer etwas zu essen und einen gut gedeckten Tisch vorfinden würden. Wo Familien sich am Sonntag zum Mittag- oder Abendessen treffen würden, um es sich gutgehen zu lassen."

Der Traum von Loredana war ein anderer. Sie wollte eine Familie. „Wir haben das große Glück, dass unsere Kinder unseren Traum fortsetzen." Alle arbeiten hier? „Non lavoranno! Sono padroni!", korrigiert Joško lachend. Sie arbeiten nicht, sie sind die Chefs! Gespielte Theatralik. Lachen. Dann wieder Ernst.

„Wenn ich schon als Teenager der Herr im Haus war, kann meine Tochter mit 40 Jahren nicht von mir abhängig sein. Das wäre nicht gutgegangen. Die Hofübergabe hat Anfang der 2000er Jahre stattgefunden und ‚La Subida' ist gewachsen, sowohl was das Image als auch was das Angebot betrifft", erklärt Joško. Er hätte etwas dicker auftragen und den Michelin-Stern erwähnen können, der seit 2008 die Küche von „La Subida" ziert. Doch er vermeidet es, er will keinesfalls selbstgefällig wirken.

Das Licht fällt durch die hohen Glasfenster. Das alte Haus, in dem Joško aufwuchs und wo alles begann, zeigt wie ein Baum Jahresringe. Es strahlt Wärme aus, woran die Umbauten der letzten zehn Jahre nichts verändert haben.

Seine Gedanken schweifen ab. „Damals in den 1980er Jahren haben wir die Pferdekoppel und die Tennisplätze angelegt", erinnert er sich. „Wir wollten dem Ort Leben einhauchen. Wir wollten den Tourismus in die Region bringen. 1986 haben wir die ersten beiden Gästehäuser gebaut. Ein wichtiger Schritt: Wir gehörten zu

> „Ich wollte das Gasthaus meiner Eltern in eine trattoria di qualità umwandeln."

den Ersten, die Übernachtungen angeboten haben. Die Trattoria wurde zu einem Ort, der Gästen ein Zuhause bot." Ospitare ist das Wort, das Joško gebraucht. Gastgeber sein. Gastgeber, nicht Hotelier! Auf keinen Fall Hotelier! Statt neben der Straße einen Neubau hinzuklotzen, wurden in Holzbauweise Chalets errichtet, die versteckt im Wald liegen und das Landschaftsbild nicht beeinträchtigen. Auch das ein sehr moderner Zugang. Albergi diffusi („verstreute Hotels"), heute in Italien ein gängiges Modell, damals noch völlig unbekannt. Jedes Jahr kamen zwei neue Objekte hinzu, Ende der 1990er Jahre war die Expansion abgeschlossen.

Reden wir endlich übers Essen! Wo hat der junge Joško seine Kochausbildung absolviert? Die Antwort kommt prompt und mit gespielter Empörung. „Mit 16 war bei mir damals Schluss mit der Ausbildung! Ich habe ein paar Jahre in der Küche verbracht, aber ich habe nie die weiße Kluft getragen. Ich war Gastronom, Leiter eines Betriebs, nicht Ausführender. Und wer stand in der Küche? Niemand!" Wieder dieses schallende Lachen, das die provokante Antwort abfedern soll.

Was nun folgt, ist ein kurzer Exkurs in die Geschichte italienischer Wirtshauskultur. „In den 1960er Jahren", erklärt er, „war der ‚Koch' eine Bäuerin, die kam, um auszuhelfen. Sie bereitete Essen zu und führte alles so aus, wie sie es von zuhause gewohnt war. So war das damals. Einfaches Essen zu ganz normalen Preisen. Profis sind erst später in den 1980er und 1990er Jahren gekommen."

Hören wir hierzu die Stimme eines ehemaligen Mitarbeiters. Matej Tomažič von der „Majerija" im Vipavatal hatte Ende der 1980er Jahre von Joško Sirk die Chance bekommen, sich zu bewähren. Begierig, sich weiterzubilden, sah er im damaligen Jugoslawien dazu wenig Möglichkeiten. An seinen freien Tagen stand er jeweils ab 15 Uhr bei „La Subida" in der Küche. Ohne Bezahlung. Das Zepter führten dort italienische Chefs, erinnert er sich, die alle Finessen beherrschten, aber die slowenischen Gerichte nicht kannten. Eines Tages kam Joško zu ihm und sagte: „Schau Matej, wir haben heute 115 Leute, Mitglieder der Sommeliervereinigung Italiens. Hier ist das Menü. Sechs bis sieben Gänge mit Weinbegleitung. Wenn du eine Idee hast, schlag was vor." „Wie soll ich in drei Stunden für 115 Leute einen Gang kochen, ohne geeignete Zutaten?", so Matejs bange Frage. Joškos Antwort war knapp: „Wenn du eine Idee hast, ist es gut, wenn nicht, ist es auch gut."

Der junge Zauberlehrling sah sich um. In der Vorratskammer, im Kühlraum, im

Gerichte aus der bäuerlichen Küche

Keller. Nichts! In der Speisekammer fand er Bohnen in Dosen. Das ist die einzige Lösung, dachte er und ging daran, eine Bohnensuppe nach dem bewährten Rezept seiner Großmutter zu kochen. „Diese Suppe ist etwas Besonderes", betont er schmunzelnd, „weil sie kein Fleisch enthält, stattdessen Abgeriebenes von der Zitrone, Lorbeer, Majoran und hausgemachten Essig. Alle Zutaten fügen sich perfekt zueinander." Und was geschah dann? Matej strahlt: „Joško ließ die Suppe auftragen, und nach fünf Minuten kam von den Gästen die Rückmeldung: Habt ihr mehr von dieser Suppe?" Ja, es gibt noch fünf Liter davon! Die Männer holten sich den Topf aus der Küche und löffelten ihn am Tisch aus. Dann wandte sich Joško an Matej und sagte: „Such deine Dokumente zusammen, ich beantrage ein Arbeitsvisum für dich." Und so kam es, dass er 1990 bei „La Subida" angeheuert hat. Er blieb mehrere Jahre, und als er sein eigenes Restaurant eröffnete, schickte Joško einen Journalisten der New York Times zu ihm, was seiner „Majerija" bis heute zahlungskräftige Gäste aus Übersee beschert.

Der Nachmittag bricht an, ein weiterer Kaffee wird serviert, das Telefon läutet und Joško setzt im Erzählen fort. „Wir haben den Gästen Gerichte vorgesetzt, die im Begriff waren zu verschwinden, weil niemand sie mehr zubereitete. Wir saßen auf einem Schatz. Wir hatten eine Trumpfkarte im Talon und spielten sie nicht aus …", sinniert er. „Ganz einfache Bauerngerichte wie Salami und Polenta. Das Problem dabei waren" – Joško betont jede Silbe seiner Worte –

Der Collio – Heimat exzellenter Weißweine

„nicht die Salami und nicht die Polenta, das waren typisch friulanisch-slowenische Gerichte. Das Problem war: Welche Salami? Und wie bereite ich die Polenta zu? Wie präsentiere ich sie am Teller?" Es ist klar, dass darin nicht nur viel Überlegung steckte, sondern auch Energie. Und das hatte seinen Preis.

Das ungeheure Potenzial, das in den einfachen Speisen der ländlichen Region steckte, erkannt zu haben, war ein genialer Schachzug, zeichnet den Wirt von „La Subida" als Vordenker aus, als Initiator. In einer Zeit, in der andere noch Grillplatten mit Pommes frites und Ketchup servierten, schwenkte er um. Er adaptierte die Nouvelle Cuisine für „seine" Region. „Diejenigen, die jetzt zwei Gnocchi am Teller vorfanden statt Berge davon, wie sie es gewohnt waren, blieben aus. Doch das haben wir in Kauf genommen", sagt er, und wieder ertönt sein Lachen.

Nur Produkte aus nächster Nähe. Auch darin war Joško Visionär. All das geschah in den 1990er Jahren – ein Jahrzehnt einschneidender Veränderungen, wie er betont. Slowenien wurde als Staat unabhängig, laut Joško ein historischer Moment, in Italien entstand die Slow-Food-Bewegung. In San Floriano, einen Steinwurf von „La Subida" entfernt, kehrten einige Winzer zum Ursprung des Weinmachens zurück, ließen Weißweine wie vor 3.000 Jahren in Kvevris – traditionellen Amphoren aus dem Kaukasus – reifen und verzichteten auf chemische Zusätze und Düngemittel.

Joško Sirk hat all diese Prozesse begleitet, die Entwicklungen mitgetragen, aber sich vor niemandes Karren spannen lassen. Er war Mitbegründer der Sommeliervereinigung Sloweniens, er unterstützte Carlo Petrini bei der Verbreitung der Slow-Food-Philosophie („Er ist der Papst und ich der Priester") und er bot Joško Gravners Orange Weine seinen Gästen an – zu einer Zeit, als die Fachwelt über den „Verrückten" witzelte und Kritiker ihm einen freien Fall voraussagten.

Piano, piano verwirklichte sich sein Traum. Heute hat „La Subida" 40 Angestellte. Die Žlikrofi, die im Ofen geschmorte Kalbsstelze, die Strudel mit Kräuterfülle oder die Mlinci stehen immer noch auf der Karte. Wie in seiner Kindheit wird in der Familie Slowenisch gesprochen, doch wenn Schwiegersohn Alessandro hinzukommt, wechseln alle ins Italienische. Das gehört sich so, das gebietet der Respekt!

Im Kamin ist das Feuer nun fast bis auf die Glut heruntergebrannt. Langsam geht der Nachmittag in den Abend über, und eine Frage steht noch im Raum: Was wünscht Joško sich für die Zukunft?

„Dass meine Generation so schnell wie möglich die Bühne verlässt!" Und wieder ertönt dieses Lachen! „Sie soll abtreten! Die Vergangenheit vergessen! Die Gräben zuschütten! Für eine Zeit lang war das hier Österreich, für eine Zeit lang war es Italien und Jugoslawien. Heute ist das Europa. Basta!"

# Bestes für Leib und Seele

## Cormòns

Hier schlägt das kräftige Herz der Collio-Weinregion, hier kreuzen sich die Wege von rund 200 Winzerinnen und Winzern, die für die besten Weißweine Italiens berühmt sind. Abgesehen davon sind Barockkirchen zu bewundern – gleich drei Stück! Es finden sich aber auch Spuren rationalistischer Architektur sowie ein Hauch von k. u. k. Nostalgie.

www.comune.cormons.go.it

## Enoteca di Cormòns

Vor einer Erkundungs- und Verkostungstour kann man sich hier einen Überblick verschaffen über Pinot Bianco, Friulano, Ribolla Gialla & Co. Mitte September wird hier die Weinlese oder Festa dell'Uva gefeiert.

Piazza XXIV Maggio 21
Cormòns

www.enotecadicormons.com

## Fattoria Zoff

Bio-zertifizierte Milchprodukte, die von den Pezzata-Rossa-Kühen stammen und komplett anders schmecken als das, was wir aus dem Supermarkt kennen, sind das Aushängeschild des Hauses. Bei Verkostungen kommt eine Auswahl feiner Käsesorten auf den Tisch oder aber Frico, die friulanische Spezialität aus Montasio-Käse, Kartoffeln und Zwiebeln.

Via Parini 18
Cormòns

www.fattoriazoff.it/de

## Prosciutti d'Osvaldo

Der Schinken der Familie Osvaldo wird – anders als der luftgetrocknete Prosciutto – über Kirsch- und Lorbeerholz geräuchert. Ein Verfahren, das Giacomo Osvaldo aus Mitteleuropa importiert hat, Sohn Luigi verfeinerte und Enkel Lorenzo ständig verbessert. Jeder Bissen unheimlich zart, wie Butter auf der Zunge.

Via Dante 40
Cormòns

www.dosvaldo.it

## L'Argine e Venco

In einer restaurierten alten Mühle kocht eine ehemalige Juristin, und das ist ein gutes Zeichen. Denn warum hätte sie wohl den Beruf gewechselt, wenn nicht aus Liebe zu den Schätzen der Natur, mit denen sie nun tagtäglich experimentiert? Viele der Zutaten stammen aus dem eigenen Gemüsegarten und das „Tüpfelchen auf dem i" vieler Gerichte sind duftende, aromatische Kräuter.

Località Vencò 15
Dolegna del Collio

www.largineavenco.it

## La Subida

Mit „Al Cacciatore" („Zum Jäger") und „La Preda" („Die Beute") betreibt die Familie Sirk einerseits ein elegantes Fine-Dining-Restaurant und andererseits eine Osteria mit ungezwungener Atmosphäre und angeschlossenem Greißlerladen. Da wie dort wird mit regionalen Produkten und nach alten Rezepten sehr ambitioniert gekocht. In zeitgemäßer Holzarchitektur errichtete Gästehäuser verstecken sich im Wald, und niemand ahnt, was sie alles an Komfort zu bieten haben: Pool, Reitstall, Tennisplatz.

Loc. Monte 22
Cormòns

www.lasubida.it

## Weingut Edi Keber

Edi Kebers Familie lebt seit Generationen vom Weinbau, er selbst verzichtet seit geraumer Zeit bereits auf den Einsatz von Chemikalien und folgt dem Grundsatz biologischer Landwirtschaft. Berühmt ist er für seinen Merlot, aber auch für den nach Feldblumen duftenden Friulano, der im renommierten „Gambero Rosso" mehrfach die höchste Auszeichnung bekommen hat.

Loc. Zegla 17
Cormòns

www.edikeber.it

## Thomas Kitzmüller

Wenn Thomas Kitzmüller seine Gäste durch das Weingut führt, merkt man, wie sehr er sich für seinen Beruf begeistert. Gern erzählt er auch von seinem Großvater, der aus Österreich kam und das Grundstück hier erwarb. Lage und Romantikfaktor des Anwesens sind unschlagbar!

Via XXIV Maggio 56 – Brazzano
Cormòns

www.vinikitzmueller.com

## Weingut-Hopping mit der gelben Vespa

Ein paar Jahre ist es nun schon her, dass einige Winzer und Wirte rund um Cormòns die Idee hatten, ihren Gästen knallgelbe Vespas zur Verfügung zu stellen, um die Gegend zu erkunden. Das Projekt hat sich durchgesetzt und ist für Hausgäste inklusive Helm gratis.

Località Vencò 15
Dolegna del Collio

www.enotecadicormons.com
www.lasubida.it
www.picech.com

| Vespa mieten | Die legendäre Piaggio-Vespa samt Helm und Straßenkarte wird mit Vorschlägen für attraktive Routen vermietet. |

Firma Zorgniotti

Via Vino della Pace 18
Cormòns

www.zorgniotti.com/noleggio-piaggio-vespa

| Ans Meer mit dem Rad | „A(l) mare in bici" nennt sich ein Projekt, das die Hügellandschaft mit dem Meer verbindet. Mehrere ausgeschilderte Strecken führen vom Collio bis zur Lagune, Aquileia und Grado. Die Website bietet Kartenmaterial, Adressen von Servicestellen und Links zu den Partnern des Projekts – den Traditionsweingütern der Region. |

www.amareinbici.at

Herrenhäuser und Landgüter bieten neben Unterkunft auch Verpflegung

# Alte Gemäuer, junge Gemüter

Von der römischen Vergangenheit in eine lebendige Zukunft – und all das im entspannten Slow-Travel-Modus.

Das schöne Vipavatal – man glaubt es nicht – hat eine Vergangenheit als Industrieregion. Hier drehten sich die Mühlräder, hier klapperten die Webstühle, hier wurde gefräst, geschweißt, geleimt, getischlert, gehämmert und gestanzt. Hier wurde auch Strom erzeugt, aber vor allem anderen Lebensmittel. Paletten mit Fruchtsäften im Tetra Pak, Gemüse in Dosen und Wein in 1-Liter-Flaschen verließen das Tal im Lkw und landeten überall in Jugoslawiens Supermarktregalen.

In den 1970er Jahren gab es die mit dem Wein verbundenen Freuden, wie wir sie heute kennen, noch nicht. Es gab keine Verkostungen, keine edlen Weingläser, keine von Designern entworfenen Etiketten. Es gab auch keine Anreize, Wein zu produzieren, denn die Preise waren im Keller. Für einen Liter Wein bekam man drei Kilogramm Kartoffeln.

Heute ist alles ganz anders. Die Großbetriebe wurden aufgelöst, die kleinen privaten Familienunternehmen kamen zurück. Und mit ihnen eine unglaubliche Dynamik.

Ajdovščina hat nichts mehr vom Grau in Grau der Lagerhallen und Betriebsgebäude, sein von einem jungen Architektenteam gestalteter Hauptplatz steht, was die Ästhetik betrifft, jenen in anderen schmucken Städtchen in nichts nach. Man ist hier stolz auf das industrial heritage, das Industrieerbe, das Besucherinnen und Besucher entlang eines Themenweges entdecken können. Genauso wie die römische Vergangenheit, die sich anhand der Überreste einer Befestigungsanlage mit 14 Türmen offenbart.

Überall Relikte aus der Vergangenheit. Das Vipavatal ist reich an Geschichte. Es verband einst Aquileia im Westen mit Emona, heute Ljubljana, im Osten. Vom Klima begünstigt, galt es als Garten Eden, als Schatzkammer der Monarchie. Säen, pflügen, jäten, bewässern und ernten gehörten seit jeher zum traditionellen Broterwerb. Aus dem Wippachtal, so der deutsche Name, kamen nicht nur die Kirschen für Maria Theresias Tafel, von hier wurden später per Bahn auch Marillen, Nüsse und Feldfrüchte aller Art nach Wien befördert. Und natürlich Wein. Die Vita eines jeden hier

Vipavski Križ, einst die kleinste Stadt der Monarchie

Alte Gemäuer, junge Gemüter

Reste der Befestigungsanlage, die wegen der drohenden Türkenangriffe errichtet wurde

ist verflochten mit Namen wie Pinela, Klarnica, Rebula, Vitovska, Zelen und weiteren 40 autochthonen Rebsorten. Jede schmeckt anders, jeder daraus gekelterte Wein hat starken Charakter, denn die autochthonen Sorten fördern das zutage, was die Gegend so unverwechselbar macht.

Zu den vielen Erwerbszweigen, die es hier einmal gab, kam in jüngster Zeit der Slow Tourism hinzu. Damit hatte man bisher wenig Erfahrung. In den 1990er Jahren brausten noch die Lenker der Pkws die 50 Kilometer durch das Tal Richtung Collio und Goriška Brda, ohne nach links oder rechts zu schauen und ohne auf die Idee zu kommen, irgendwo Halt zu machen oder einzukehren.

Die heute viel besungene Schönheit der Landschaft mussten die Hiesigen erst für sich selbst entdecken, bevor sie darangehen konnten, ihre Existenz darauf aufzubauen. Wie viel Potenzial in den alten Gemäuern steckte, ließ sich nicht vorausahnen. Vielleicht würde das Wohnen in einem neu gebauten Eigenheim sich besser anfühlen, in jedem Fall wäre mehr Komfort damit verbunden und auch mehr Prestige. Doch das Vipavatal ist in diese Falle nicht getappt.

Man liebt und schätzt hier das Alte. Und diese Rückwärtsgewandtheit hat nichts Gestriges oder Verkorkstes. Sie ist cool. Kann man der Vergangenheit treu bleiben und gleichzeitig modern sein? Ja, man kann. Annibel Cunoldi Attems jedenfalls kann es. Spricht man sie als Gräfin an, schüttelt sie den Kopf und betont, sie sei Künstlerin. In Gorizia geboren, studierte sie in Paris und pendelt heute zwischen Berlin und Vipavski Križ, dem schönsten Dorf Sloweniens. Ihre Vorfahren bewohnten dort von 1605 bis 1864 die als Wehranlage gegen die Türken errichtete Burg. Dann wütete die Bora einmal derartig, dass sie das Dach davontrug und die Familie nach Görz übersiedeln musste. In den 200 Jahren ihrer Präsenz gaben die Attems nicht nur der Burg ihr Gepräge, sie stifteten auch ein Kloster, das bis heute über eine beeindruckende Bibliothek verfügt. Damals hieß die Stadt – sie war die kleinste der ganzen Monarchie – Heiligenkreuz, Sveti Križ. Im laizistischen Jugoslawien wurde sie dann umgetauft.

Von der Burg stehen heute nur mehr Ruinen. Der erhalten gebliebene Seitentrakt beherbergt seit Ende des 19. Jahrhunderts eine Schule, die 1996 vollständig renoviert wurde. Und das ist wohl das Schönste an Vipavski Križ: Im Schulhof toben die Taferlklassler, die alten Steinhäuser mit ihren blumengeschmückten Balkonen wurden noch nicht in Airbnb-Wohnungen umgewandelt und Annibel Cunoldi Attems wird im Rahmen von „Go! 2025" im Kulturhauptstadtjahr hier gemeinsam mit Evgen Bavčar, Marko Pogačnik und Veno Pilon ausstellen.

Viele, die zwischen 1991 und 2010 Erfolgsgeschichte geschrieben haben, begannen erst einmal damit, die Geschichte ihrer Familie zu erforschen, ein Narrativ zu schaffen, das die Exzellenz ihres Produktes belegt und ihm das Prädikat „wertvoll" verleiht.

Miha Batič, Ausnahme-Winzer mit großer Leidenschaft für Bioweine, hat den Werdegang seiner Familie in einem ausdrucksstar-

> Man liebt und schätzt das Alte. Diese Rückwärtsgewandtheit hat nichts Gestriges, sie ist cool.

Gute Stimmung und gutes Essen in der Majerija

ken, mit Schwarz-Weiß-Fotos bebilderten Buch dargestellt – von 1592 an, als die Mönche die Weinkultur im Vipavatal etablierten und ihr Wissen über Böden und Naturkreislauf verbreiteten, bis ins 19. Jahrhundert, als Milchwirtschaft und Obstplantagen große Erträge brachten und der Wein nur als Nebenprodukt erzeugt wurde. Seine Familiensaga ist stellvertretend für die vieler anderer. Der Urgroßvater war Untertan im Habsburgerreich, der Großvater wurde im Königreich Italien geboren, der Vater im sozialistischen Jugoslawien. Alle haben sie unter ein und demselben Dach gelebt. Um diese Story in Stein zu meißeln, steht „Batič Vipava 1592" gleich neben der Einfahrt.

Dvorec Zemono nimmt im architektonischen Erbe Sloweniens einen besonderen Platz ein, als einzigartiges Beispiel eines Herrenhauses der Spätrenaissance. Die Familie Kavčič eröffnete hier in den 1990er Jahren ein Restaurant, das sie „Pri Lojzetu" (dt. „Bei Alois") nannte, als Hommage an den Urgroßvater, der schon 1897 Fuhrleute verköstigte, die von hier aus mit ihren Pferdegespannen Obst, Gemüse und Wein nach Triest oder Wien beförderten. Anfangs wurden noch Schnitzel und Grillplatten serviert. Doch Tomaž Kavčič und seine Mutter haben sehr schnell verstanden, dass die Zukunft ganz woanders liegen würde. Sie begannen, nach regionalen Rezepten zu kochen. An erster Stelle steht das Produkt, dann kommt das, was Tomaž – etwas pathetisch vielleicht – anima nennt, die Seele. Und dann passione, Hingabe. Tomaž' Gerichte entstehen zuerst im Kopf. Seine süße Minestrone beschäftigte ihn drei Tage lang. Fünf verschiedene Gemüse- und sieben verschiede Obstsorten stecken darin. Und rund 40 Mal hat er die Kombinationen verändert, bis er endlich zufrieden war.

Bei Matej Tomažič trug sich alles ganz anders zu. Als Sohn einer Kellnerin musste er sich erst seine Sporen verdienen, bevor er als Gastronom und Hotelier an den Start ging. Er tat dies mit Bravour, führte zeitweise mehrere Jobs gleichzeitig aus und war schließ-

Alte Gemäuer, junge Gemüter

lich in der Lage, ein zum Landgut der Grafen Lantieri gehörendes Wirtschaftsgebäude zu erstehen. Es war damals eine Ruine, und gemeinsam mit seiner Frau brauchte er Jahre, bis er die „Majerija" (dt. Meierei) eröffnen konnte. Das denkmalgeschützte Anwesen liegt am Rande der Ortschaft Slap, die stolze 400 Einwohner zählt und einen hübschen Blickfang darstellt, wenn man auf der Terrasse unter der Pergola sitzt.

Was Matej mit dem Kauf des „Steinhaufens" von Slap gleichzeitig erwarb, war eine Geschichte, die er seinen Gästen nun erzählen kann. Ein Kapitel handelt natürlich von der Restaurierung und von dem Entschluss, die Gästezimmer unter die Erde zu verlegen. Auch von dem Rezept seiner Mlinci wird die Rede sein, und natürlich von den Lantieris, die im Tal große Ländereien besaßen.

Im Städtchen Vipava – Beiname „das Venedig des Vipavatales" – ist es zuallererst das Schloss mit der festlich darauf zulaufenden Allee, das jedermann ins Auge fällt. Heute beherbergt es die Universität für Weinbau. Die Restaurierung der alten Gewölbedecken gilt als besonders geglückt. Sie lässt Fragmente von Fresken neben weißen Flächen bestehen und ist sehr feinfühlig und effektvoll durchgeführt.

Die Narrative gleichen einander, immer ist von Bewahren, Schützen und vom Wiederaufbau die Rede. In der kleinen Ortschaft Goče beispielsweise hat Davorin Mesesnel ein 400 Jahre altes Gehöft vor dem Verfall gerettet und es in ein Gourmet-Refugium mit offenem Kamin und allem, was dazugehört, verwandelt. Benannt ist seine „Cejkotova domacija" nach einem exzentrischen Dorfbewohner, der sich einst eine Ziege hielt.

In Podnanos arbeitet Matej Žvanut seit Jahren daran, den Hof seines Großvaters zu restaurieren. Die älteste Erwähnung des Hauses geht auf das Jahr 1683 zurück. Der zukünftige Sitz der „Cultus Winery" wird viel Stil und Klasse haben. Das lässt sich bereits erkennen. Die Kundschaft soll aus Amerika kommen und durch die Rezensionen im Internet den Weg ans entlegene Ende des Tales finden. Auch der stolze Preis für eine Flasche Zelen oder Pinela wird dann kein Problem darstellen. Bis 2025 sollen außerdem einige Gästezimmer entstehen. Doch der Weg bis dahin ist noch weit. Alles geschieht in Handarbeit, und es ist immer wieder eine Herausforderung, Handwerker zu finden, die es heute noch verstehen, Natursteine aufeinanderzuschichten. „Wenn Sie mich über meine Weine fragen", steht auf der „Cultus"-Website, „werde ich über mich sprechen. Ich werde Ihnen meine Geschichte erzählen ..." Und wieder dürfen wir einer Geschichte lauschen. Es ist die von Pinela und Zelen, einzigartige Weinpersönlichkeiten mit einzigartigem Charakter.

Wenn „Cultus" für sich beansprucht, der älteste Weinkeller im Vipavatal zu sein, so darf „Guerila" mit Fug und Recht behaupten, der jüngste zu sein. In nur einer Generation schaffte es Zmagoslav Petrič, den Weg vom traditionellen Bauernhaus seiner Eltern zum Weingut im Design à la California zurückzulegen. Umgeben von

Jedes Haus birgt eine Geschichte

nichts als Grün thront der elegante Kubus auf einer Hügelkuppe. Das Haus ist eine Verkörperung der Menschen, die darin leben. Petrič wollte nie Bauer werden. Er ist Quereinsteiger. Warum hat er sich das dann angetan? Hatte er nicht bereits einen Beruf? Doch. Er war mit seinem Metall verarbeitenden Unternehmen gut abgesichert. Aber irgendetwas war da, das ihn nicht losließ. Die meisten Menschen hier sind tief mit der Erde verwurzelt, und so wie der Wein beziehen sie aus dem Boden ihre Kraft.

„Guerila", der Name der Marke, verkörpert ihren Geist, soll heißen: den ständigen Kampf um Qualität, der als Erfolg auf dem Markt und durch immer neue Prämierungen seinen Ausdruck findet. Bis zu 80.000 Flaschen pro Jahr werden nach biodynamischer Methode produziert.

Seit 2016 ist Petrič im Ruhestand, heute kümmern sich seine drei Söhne um die Geschäfte. Wer ihnen einen Besuch abstattet, dem werden sie die Geschichte erzählen, wie ihr Vater 2.000 Weinstöcke von seinem Vater geerbt hat, wie er mit dreieinhalb Hektar Rebfläche begonnen hat und sich auf 20 Hektar gesteigert hat und wie er ... um die Fortsetzung zu hören, muss man eine Pause einlegen, auf der Terrasse Platz nehmen, den Blick über die sanft geschwungenen Weinberge gleiten lassen und durchatmen.

# Genuss im Vipavatal

### Wandern & Biken

Das breite Tal, seine Hügel, die steilen Hänge und die Hochebene bieten sich für ausgedehnte Wanderungen und Radtouren geradezu an. Es gibt kurze, einfache Strecken, aber auch anspruchsvollere, die mit grandiosen Ausblicken belohnen.

www.vipavavalleyoutdoor.si/de

### Klettern

Die Szene trifft sich neuerdings im Vipavatal, das rund 400 unterschiedliche Routen für Sportkletterer bereithält. Klettern kann man hier nicht nur am natürlichen Felsen, sondern witterungsunabhängig auch indoor in mehreren Hallen, von denen die größte ganze 1000 m² umfasst.

www.vipavskadolina.si/de

### Die Burg Rihemberk

Die imposante Festung thront oberhalb der Ortschaft Branik und bildet die Grenze zum Karst. Durch die beiden Weltkriege fast komplett zerstört, ist sie immer noch im Wiederaufbau begriffen. Zu entdecken gibt es dennoch einiges: den einzigartigen Rundblick, die Geschichte der Adelsfamilie Lantieri und die der jetzigen Bewohner – einer Kolonie von Fledermäusen.

www.rihemberk.com/de

### Das Dorf Vipavski Križ

Das auf einem Hügel gelegene Dorf ist das schönste Dorf in ganz Slowenien. Hinter den Mauern des Kapuzinerklosters aus dem 17. Jahrhundert verbirgt sich eine beeindruckende Bibliothek.

www.vipavskadolina.si/de/odkrivaj/kraji/vipavski-kriz

## Vipava Stadt

Nicht weniger als 25 Brücken und Brücklein führen über den Vipava-Fluss und seine Seitenarme, was der Stadt den Beinamen „Venedig Sloweniens" eintrug. Der Hauptplatz wird von einem wunderschönen barocken Herrenhaus dominiert, das 1659 von den Grafen von Lantieri erbaut wurde. Seit Anfang 2013 ist dort die Hochschule für Weinbau untergebracht.

www.vipavskadolina.si

## Ajdovščina

Hier ist man stolz auf das gut erhaltene Erbe aus der Römerzeit. Innerhalb der antiken Festungsmauer entwickelte sich später ein geschlossenes mittelalterliches Dorf mit engen Straßen und Gassen, die bis heute erhalten geblieben sind.

Die Burg Rihemberk hatte einst Sisi zu Gast

Genuss im Vipavatal

## Gutshof Majerija

Das um 1700 für die Grafen Lantieri erbaute Haus wurde samt Wirtschaftsgebäuden behutsam restauriert, was angesichts der denkmalgeschützten Fassaden gar nicht leicht war. Die Gästezimmer liegen „unter der Erde", haben aber trotzdem natürliche Beleuchtung. Die Küche wurde von Gault-Millau mit drei Hauben ausgezeichnet.

Slap 18

www.majerija.si/de

## Öko-Dorf Theodosius

Mit seinen Outdoor-Whirlpools macht das mitten im Wald errichtete Öko-Dorf Theodosius dem Begriff „Glamping" alle Ehre. Viele der beim Bau verwendeten Materialien stammen vom nahen Nanos-Berg, die ästhetisch schönen, heimeligen Möbel aus der Werkstatt heimischer Tischler. Gute Küche.

www.theodosius.si/de

## Urlaub am Bauernhof

Naturverbundenheit und sorgfältig ausgewählten Komfort zwischen Wäldern und Feldern bieten viele der landwirtschaftlichen Betriebe, die sich im Vipavatal dem sanften Tourismus verschrieben haben. Hier einige Empfehlungen:

Birsa
Brje 18 a

www.kmetijabirsa.com

Arkade
Črnice 91

www.arkade-cigoj.com

Malovščevo
Vitovlje 68

www.malovscevo.si

## Wein verkosten

Die Vielzahl an autochthonen Rebsorten – Zelen, Pinela, Grganja, Klarnica u. a. – ist es, die das Verkosten im Vipavatal so spannend macht. Als „König der Weine" gilt der Zelen, den die Winzer wegen seiner besonderen Eigenschaften bei Weinproben erst ganz zum Schluss anbieten. Von 1. Juni bis 31. August stehen die Kellertüren offen und zum Wein werden kleine Happen gereicht. Nicht fehlen darf dabei der luftgetrocknete Schinken „Pršut", der ein Jahr lang oder länger dem kräftigen Borawind zum Trocknen ausgesetzt wird. Wie in jeder Weingegend geht es im September besonders lebhaft zu und es wird überall die Weinlese gefeiert.

## Weingut Batič

Vater Ivan und sein Sohn Miha sind auf der ständigen Suche nach Weinen, die über einen unverwechselbaren Charakter verfügen, trotz weniger Eingriffe ihrerseits. Sie sind weltbekannt; in Japan wurde nach ihnen ein Weinkeller benannt.

Šempas 130

www.batic.si

## Weingut Guerila

Aufbauend auf der Familientradition gestaltete Zmago Petrič Neues: Sein Weingut ist eine Hommage an die zeitgenössische Architektur und „spielt alle Stückln". Der gastronomische Teil umfasst eine Weinbar, einen Verkostungsbereich, einen großen multifunktionalen Konferenzsaal, eine Profi-Küche, zwei große Terrassen und drei modern eingerichtete Apartments.

Planina 111

www.guerila.si

## Weingut Cultus

Matej und Carol legen überall selbst Hand an, im Weingarten, im Keller und beim Restaurieren ihres Hauses aus dem Jahr 1683. Zwischendurch finden sie noch Zeit, ihren Gästen die Gläser zu füllen und dazu Käse, Oliven und Pršut aufzutischen.

Podraga 51

www.cultus.si

## Weingut Vipava 1894

Im ältesten und größten Weingut des Vipavatales – Gründungsjahr 1894! – liegen die Geschicke in den Händen eines österreichisch-slowenischen Teams. Dessen Augenmerk liegt darauf, Weine zu keltern, die authentisch sind und das terroir widerspiegeln.

Vinarska cesta 5

www.vipava1894.si

## Penzion Sinji Vrh

In Sinji Vrh, einer der wohl malerischsten Ecken des Tales, betreiben Kristjan und David eine Berghütte und produzieren in völliger Abgeschiedenheit auf 900 m Rohmilchkäse, der auf Heu lagert und sein Aroma von den Kräutern der umliegenden Wiesen bezieht.

Kovk 10a

www.goldenringcheese.com

## Cejkotova domacija

Der geeignete Ort, um die Hausmannskost kennenzulernen. Von der traditionellen Bohnen-Rüben-Suppe Jota über Frtalja, das berühmte Bauernomelett, bis hin zu Gnocchi mit frischem Kräuterpesto oder süßen Štruklji mit einer Fülle aus Walnüssen, Topfen und Rosinen. Dazu Spitzenweine, die im 400 Jahre alten Keller verkostet werden.

Goče 44

www.vipavskadolina.si/en/odkrivaj/kraji/goce

## Faladur

Faladur ist ein altes Wort aus dem Vipava-Dialekt und bezeichnet einen Arbeitsraum, der zu einem Weinkeller tief in der Erde führt. Für die beiden jungen Gastronomen ist es zugleich ein Bekenntnis zur Region, ihren Weinen, ihren Gerichten und ihrem Lebensstil.

Ulica Ivana Ščeka 6
Vipava

www.faladur.si

## Gostilna pri Lojzetu – Dvorec Zemono

Tomaž Kavčič spricht vom großen Glück, wirklich gute Rohstoffe zur Verfügung zu haben: Rindfleisch aus dem Pohorje-Gebirge, Salz von den Salinen in Secovlje, Olivenöl aus Istrien, Gemüse aus der Region von Nova Gorica. Doch Talent gehört auch dazu, sonst wäre er wohl nicht einer der besten Köche des Landes, wenn nicht der beste. Unbedingt reservieren.

www.zemono.si/en

Dvorec Zemono: Fine Dining im alten Gewölbe

# Im Land der blassblauen Distel

**Die Landschaft im Karst ist von besonderer Schönheit. Sie offenbart sich nicht auf den ersten Blick, belohnt aber jene, die genau hinsehen.**

Für die Fortbewegung zu Fuß ist der Karst wie geschaffen. Nichts engt den Blick ein, es geht meist eben dahin, und immer besteht die Gewissheit, dass am Ende des Weges das Meer wartet: eine Welt aus nichts als glitzerndem Blau und salziger Luft, in die man eintaucht, während die Berge als inneres Echo noch nachhallen und auch sichtbar bleiben. Denn sobald man innehält und den Blick rückwärts wendet, sieht man in der Ferne wieder die majestätischen Gipfel. Sie lassen einen nicht los.

Es heißt, er sei nicht schön, der Karst, auch wenn das slowenische Wort für ihn „Schönheit" bedeutet. Ein gewaltiges Hochland aus grau-weißem Kalk mit bizarr verwitterten, nackten Steinformationen an der Oberfläche. Hoch aufragend über dem Golf von Triest bildet er einen Transitbereich zwischen Norden und Süden, den Dinarischen Alpen und der Adria. Reiseschriftsteller der Vergangenheit sprachen von einer „Steinwüste", einem „Trümmerfeld ungeschlachter grauweißer Formen" oder gar von einem „furchtbaren versteinerten Schrei".

Kaum jemand würde dem heute noch zustimmen. Von der spröden Karst-Schönheit geht ein besonderer Zauber aus. Nichts lenkt die Sinne ab. Statt die Welt nur zu betrachten, sie in ihrer Bildhaftigkeit zu erfassen, nimmt man sie körperlich wahr. Das Gehen wird zu einer individuellen Erfahrung, zur Übung im Schauen und in Achtsamkeit. Und mit jedem Schritt liegt sie einem mehr am Herzen, diese Landschaft, die so betont anders ist.

Wer von Monotonie spricht, wird sehr bald eines Besseren belehrt. Die Jahreszeiten zum Beispiel treten im Karst viel deutlicher in Erscheinung als anderswo. Jede von ihnen ließe sich einer bestimmten Farbe zuordnen. Der Winter gehört dem blass lila Krokus, das Frühjahr dem „falschen Jasmin", der mit seinen kleinen gelben Blüten an Forsythien erinnert. Strahlend blau leitet die Männertreu-Distel den Sommer ein, und feuerrot färbt im Herbst der Ruj (Cotinus coggygria) die Weiden. Weil diese Pflanze sowohl Hitze als auch Trockenheit verträgt und auf kalkhaltigen Böden gedeiht, ist sie der Karstbewohner schlechthin. Aus den Blüten bilden sich Früchte mit langen, welligen, seidigen Haaren in Rosa- und Brauntönen, was ihm im Deutschen den Namen „Perückenstrauch" einbrachte.

Traditionelle Karst-Architektur

Eine Stunde über Feldwege oder entlang von Dorfstraßen zu gehen, ohne einem einzigen Auto zu begegnen, das ist fast schon Luxus. Für manche mag die Stille schwer zu ertragen sein. Sie senkt sich auf einen herab in ungewohnter Intensität und eröffnet gleichzeitig neue akustische Erfahrungen. Die Feinabstimmung des Gehörs nimmt mit jedem zurückgelegten Kilometer zu. Zunächst ist es aber nur das Rauschen der Föhren, auf das Wanderer aufmerksam werden. Ihre haushohen Wipfel tanzen und schwingen im Wind. Dann plötzlich Vogelgezwitscher, manchmal so laut, als käme man an einer Voliere vorbei. Und schließlich, nach einiger Zeit, ist sogar der Windhauch zu hören – der Atem des Himmels.

Luft ist im Überfluss vorhanden, und im Karst zu wandern heißt schweben. Schweben im unbegrenzten Raum. In un-

Im Land der blassblauen Distel

begrenzter Weite. Und diese Weitläufigkeit wird durch das Fehlen starker Kontraste noch akzentuiert.

Eine innere Ruhe stellt sich ein. Offenbar ist sie der geglückten Symbiose von Weideland, Waldstücken und Weinbergen geschuldet. Es gibt keine Vertikalen wie Gipfel, Felswände, Wasserfälle. Keine dramatischen Akzentuierungen. Alles bewegt sich im Bereich des Horizontalen. Die Häuser sind in einer Reihe angelegt, so dass sie dem Wind standhalten, eine Barriere bilden, die Windsbraut bändigen können. Die Steinmauern, die als Einfassung der Wege dienen und die Felder umzäunen, ziehen mal gerade, mal geschwungene Linien im Grün, genau wie die Reben, die entlang von Holzpflöcken gezogen werden.

Nichts sticht hervor. Keine mächtigen Burgen, Schlösser oder Herrenhäuser inmitten der Siedlungen, die auf eine Differenzierung in arm und reich, in bäuerlich oder aristokratisch hätten hindeuten können. Markant sind einzig die Kirchtürme. Den Kampaniles nachempfunden, bezeugen sie die Nähe zu Venedig. Manche stehen neben dem Gotteshaus und verfügen über eine kunstvoll ziselierte Spitze. Meisterwerke der Steinmetzarbeiten.

Dächer, Wände, Mauern, Wege ... Fast alles hier, was anderswo aus Holz ist, besteht aus Stein. Er scheint geradezu aus dem Boden zu wachsen. Gut vorstellbar, welche Fron es war, hier Felder anzulegen. Um die Erde bestellen zu können, mussten die Menschen sie zuerst von den Felstrümmern befreien. In Handarbeit schichteten Männer, Frauen, Kinder, alte Weiblein und Greise die Gesteinsbrocken am Rande der Felder auf. So entstanden die für den Karst charakteristischen Trockensteinmauern, die mittlerweile zum immateriellen Weltkulturerbe der UNESCO gehören. Ohne Mörtel und ohne Zement errichtet, legen sie Zeugnis ab von geschickten Händen und geduldigen Gemütern. Noch heute soll es immer wieder vorkommen, dass ältere Menschen sich bücken, um einen Stein, der ihnen im Weg liegt, aufzuheben und ihn der Mauer am Wegesrand hinzuzufügen. Es ist wie ein Reflex, der sich in die DNA der Menschen im Karst eingeschrieben hat.

In den Dolinen, den windgeschützten Mulden, wo Getreide und Mais angebaut wird, leuchtet da und dort das Rot der Erde auf. Von dieser Terra Rossa erhielt der Teran, der charaktervolle Wein der Gegend, seinen Namen. Von seiner dunkel-violetten Farbe und seinem hohen Anteil an Säure und Mineralstoffen geht eine fast magische Wirkung aus. Sie trägt ihm den Ruf ein, Heilmittel zu sein.

Aus der Kargheit Kraft schöpfen – das ist es, was allerorts geschieht. Was

> Dächer, Wände, Wege ... Fast alles hier, was anderswo aus Holz ist, besteht aus Stein.

Trockensteinmauern in Handarbeit errichtet

Der Brunnen als Zentrum des Dorflebens

die Menschen durch ihrer Hände Arbeit dem Boden abgerungen haben, trägt das Merkmal des Besonderen. Die Ziegen, Schafe und Lämmer aus dem Karst lieferten seit jeher besonders schmackhaftes Fleisch, das auf den Märkten in Venedig und Umgebung sehr gefragt war. Das Getreide aus den Dolinen war dünnschaliger und mehlreicher als das von anderen Feldern und erzielte bessere Preise. Und der Pršut, der Schinken, der allen technischen Neuerungen zum Trotz bis heute luftgetrocknet, also dem Bora-Wind ausgesetzt wird, schmeckt nach Thymian, Salbei und Rosmarin, jenen Kräutern, die am Wegesrand wachsen und im Karst viel intensiver duften.

Beladen mit all diesen Schätzen gingen einst junge Bäuerinnen in Bastschuhen, einen Tragekorb auf dem Kopf balancierend, Richtung Triest, wo sie am Markt ihre Waren feilboten. In umgekehrter Richtung, aus der Hafenstadt am Meer kommend, trafen Kutschen oder Pferdefuhrwerke mit Ausflüglern ein. Denn seit 1821 Joseph Ressel, seines Zeichens „kaiserlich-königlicher Marineforstintendant der küstenländischen Domäneninspektion", den Karst mit Schwarzkiefern hatte aufforsten lassen, galt die Hochebene als Luftkurort. Man kam hierher, um der Hitze und dem Staub zu entfliehen. In der Ortschaft Komen gab es gar ein Hotel und gut ein Dutzend Privatunterkünfte.

Wichtigstes Ziel waren die Osmice, die Buschenschanken. Wie in Wien gehen sie auf einen Erlass Josephs II. zurück, der es Weinhauern gestattet, ein bis zwei Mal pro Jahr für zirka zehn Tage den Buschen vor die Tür zu hängen – im Karst sind es Holzpfeile und handgemalte Pappschilder –, um Gästen kundzutun, dass „ausg'steckt is" und sie hier bewirtet werden, mit allem, was Keller und Vorratskammer so hergeben.

Im Land der blassblauen Distel

Die Abendsonne taucht die Kirche des Örtchens Dutovlje in goldenes Licht

Im Land der blassblauen Distel

Der Weg verläuft nun als schmaler, gerader Pfad und die Steine werden immer mehr zu Vertrauten. Sie wirken alle in etwa gleich groß, haben nichts Monumentales oder Skulpturales, auch sind keine Megalithen darunter, nur unförmige, reglose Körper. Unwillkürlich denke ich an das Märchen von dem kleinen Mädchen, das seine verschwundenen Brüder sucht und entlang des Weges nichts als Steine vorfindet. Die einen schwarz, die anderen weiß. Als sie sie mit Wasser aus einem Krüglein begießt, verwandeln die einen sich in Pferde, die anderen in Menschen, darunter auch der Prinz, der zu ihr sagt: „Weil wir hochmütig und herzlos gelebt haben, sind wir zu Steinen erstarrt. Jetzt hast du uns erlöst."

Die Härte, der die Menschen hier seit Jahrhunderten ausgesetzt sind, hat sie nicht hart werden lassen. Es sind Persönlichkeiten mit klarer Gesinnung und starkem Charakter. Marco Fon, der Winzer aus Brje pri Komnu, zum Beispiel. Jedem, der vor seinem Hof vorfährt, um einfach nur Wein einzukaufen, wird er versuchen zu vermitteln, dass der Wein kein Produkt sei, sondern sein Werk und die Essenz des kargen Bodens. „Du teilst, was du hast, und du teilst, woran du glaubst", wird man von Tanja Godic zu hören bekommen. Sie leitet im Karst touristische Projekte und kennt den Namen jeder noch so bescheidenen Pflanze. Sie weiß, wo im Frühjahr der Wilde Spargel zu finden ist und wie aus Wachholderbeeren Gin zubereitet wird. Auch Dario Zidarich darf nicht unerwähnt bleiben. Sein Arbeitsplatz liegt 70 Meter unter der Erde, und wen er dorthin mitnimmt, den wird er warnen: „Es ist eine gefährliche Reise, dort unten gibt es keinen Handyempfang und es ist stockfinster." Beste Bedingungen für den Jamar genannten Höhlenkäse, den Dario produziert und der vier Monate bei idealer Temperatur und in absoluter Dunkelheit reift.

Und dann ist da noch Goran Živec, der Unternehmer, der nahe der Ortschaft Volčji Grad auf eigene Kosten ein riesiges Gebiet hat roden lassen, um eine prähistorische Stätte freizulegen. Steinwälle, die seit 3000 Jahren bestehen und eine Art Amphitheater bilden, einen geschützten Raum, wo einst Menschen lebten. Wissenschaftlich erforscht und dokumentiert wurde die Anlage bereits um 1900, doch nun soll Debela Griža in ein Open Air Museum umgewandelt werden, um nachvollziehbar zu machen, wie lange vor unserer Zeitrechnung Metall bearbeitet, Tiere gehalten und Gefäße getöpfert wurden.

Im Gehen halten wir nun immer öfter inne. Die Orte tragen Namen wie Ceroglie oder Visogliano und sind zweisprachig angeschrieben. Auch die Vegetation veranschaulicht, dass eine Grenze überschritten ist, eine Grenze, die es seit 2007 nicht mehr gibt. Die Häuser tragen rote Ziegeldächer und werden da und dort von mächtigen Zedern überragt, in den Gärten stehen Terracottagefäße mit Oleander. Zwischen den schlanken Baumstämmen scheint gleißendes Licht hindurch. Der letzte Abschnitt ist erreicht. Am Horizont entrollt die Sonne eine blutrote Fahne und davor glitzert das Meer.

# Der Karst für alle Sinne

## Wandern & Biken

Mehr als zwei Dutzend markierter Wanderwege stehen zur Auswahl mit Angaben zu Länge, Dauer, Anforderungsprofil und Sehenswertem entlang der Strecke.

www.visitkras.info/de/was-kann-man-hier-tun/wandern/wanderwege

„Geomob" nennt sich ein neues Radwege-Netz zwischen Sežana und Komen. Die Distanz beträgt 20 Kilometer. Ab Komen stehen drei weitere Optionen zur Auswahl.

www.geomob.si

## Ausflugstipp

Die Ortschaft Pliscovica ist Ausgangspunkt für eine 6 Kilometer lange Rundwanderung durch die Karstlandschaft, vorbei an Ziegen und Schafen und dem überall wachsenden Strauch Ruj, der im Herbst mit seiner Purpurfarbe das Landschaftsbild des Karsts prägt.

## Archäologische Stätte Debela Griža

Am nordwestlichen Rand des Dorfes Volčji Grad befinden sich Überreste einer mächtigen befestigten Burganlage aus der Bronze- und Eisenzeit. Detaillierte Informationen bieten Führungen mit Guide.

Gorjansko 32
Komen

www.visitkras.info/de/debela-griza-volcji-grad_2
www.krasenkras.com/en

## Gärten im Karst/ Kraski vrtovi

Den Gärten als Inszenierung des Natur- und Kulturerbes im Karst wurde seit 2021 ein Projekt gewidmet, das zum Besuch dieser Schatzkammern im Grünen einlädt. Dazu gehören: der von Max Fabiani gestaltete terrassenförmig angelegte Park der Villa Ferrari in Štanjel, der botanische Garten Sežana neben der Villa Mirasasso, der Garten der Villa Fabiani in Kobdilj sowie der Belajevi-Kräutergarten in Kačiče und Pepas Karstgarten in Dutovlje.

www.visitkras.info/de/mit-pepa-durch-den-karst_1
www.visitstanjel.si/de/neuheiten/projekt-karst-gaerten

## Špacapanova hiša

Hier sind Mutter und Sohn am Werk, beide verstehen ihr „Handwerk" als Berufung und werden nicht müde, sich immer neue Ideen einfallen zu lassen, um ihre Gäste zu verzaubern. Crème brûlée wird in einer Eischale serviert, zum Frühstück werden Mini-Versionen von Gugelhupf gebacken, das knusprige Brot ist hausgemacht und im Keller reift ein Pršut heran – so zart wie Marzipan.

Komen 85

www.spacapan.si

Von Max Fabiani entworfen: die Villa Ferrari in Štanjel

## Bistro Grad Štanjel

Bei Simo Komel einzukehren, gehört nach einem Rundgang durch das mittelalterliche Štanjel einfach dazu. Frische Kräuter, schmackhafte Saucen, zartes Fleisch und flaumige Njoki aus Kartoffelteig bringen zur Geltung, was Wald und Flur zu bieten haben.

Štanjel 1A

www.gradstanjel.si

## Gasthof Mahorčič

Es ist mehr als 120 Jahre her, dass hier Fuhrleute verköstigt wurden. Aber Martin und Ksenija – Gastgeber in vierter Generation – halten an dem Lebensstil der Menschen, die einst hier wohnten und wirkten, fest und ihre Küche spiegelt diese Wertschätzung wider.

Rodik 51
Kozina

www.rundictes.si

## Okrepčevalnica Ruj

Was bei Peter Patajac auf den Tisch kommt, ist eine Hommage an die Region – von den autochthonen Weinsorten angefangen bis hin zum Wilden Spargel, dem Ziegenkäse und dem Olivenöl. Auf eine Speisekarte wird verzichtet, dafür der Zusammenstellung der Menüs umso mehr Zeit gewidmet.

Dol pri Vogljah 16
Dutovlje

www.visitkras.info/pomladne-barve-okrepcevalnica-ruj

## Buschenschanken/ Osmice

Bunte Holzpfeile oder handgemalte Schilder weisen den Weg zur „Osmica". Wie in Wien die Weinhauer dürfen Bauern im Karst ein bis zwei Mal pro Jahr für zirka acht Tage den Buschen vor die Tür hängen und ihre Gäste mit dem versorgen, was Keller und Vorratskammer so alles hergeben. Termine werden auf der Website bekannt gegeben.

www.visitkras.info/de/besuch-planen/ereignisse/buschenschaenken-osmice-im-karst

## Čotar

Im Jahr 1974 produzierte die Familie Čotar erstmals Wein, allerdings nur fürs eigene Restaurant. Mittlerweile sind die Weine von Branko Čotar und seinem Sohn Vasja auf den Weinkarten aller guten Restaurants in Slowenien zu finden. Seit einiger Zeit wird in dem dazugehörenden Wirtshaus auch wieder gekocht, meist nur an den Wochenenden, wenn die Biker aus Italien und die Weinfreaks aus Ljubljana kommen.

Branko u. Vasja Čotar
Gorjansko 18

www.cotar.si

## Joško Renčel

„Joško ist ein Künstler", sagen die Leute hier. „Etwas konfus, doch in seinem Weingarten, da kennt er sich aus." Sein Teran gilt als einer der besten Rotweine des Landes, dunkelrot in der Farbe, pflaumenähnlich im Geschmack.

Dutovlje 24

www.rencel.si

## Weingut Lisjak

Boris Lisjaks Wein erkennt man an der besonderen Form der grazilen Flasche, die sich am Hals und am Fuß verengt. Wichtiger ist aber der Inhalt, denn Boris gilt als einer der besten Teran-Produzenten im slowenischen Karst. Sein fruchtiger, erdiger Kraski ist hochdekoriert.

Dutovlje 31

www.lisjak.si

## Nicht versäumen! Kulinarische Feste

Jedes Jahr im Herbst werden spezielle Menüs mit Weinbegleitung zu Fixpreisen angeboten. Diese „Kulinarischen Wochen im Karst" sind eine gute Gelegenheit, um sich durchzukosten und einen Überblick über die Spezialitäten der Region zu bekommen.
Das fulminante Ende der kulinarischen Karstwochen bildet das Martinigansl-Essen („Martinovanje") rund um den 11. November.

www.visitkras.info/nacrtuj-obisk/dogodki/
teden-restavracij-na-krasu-in-v-brkinih

Der Karst im Herbst: Es dominieren die Rottöne

Der Karst für alle Sinne

Die Brücke von Solkan, Meisterwerk der Ingenieurskunst, heute Wahrzeichen von Nova Gorica

# Danke

Mein besonderer Dank gilt Žana Marijan und Urška Pavačić vom slowenischen Tourismusbüro in Wien sowie Sandra Battigaglia von der Agenzia Turismo Friuli Venezia Giulia, die unsere Recherchen möglich gemacht haben.

Herzlichen Dank auch an Aljaž Arih, Annibel Cunoldi Attems, Chiara D'Incá, Lorenzo Drascek, Romano Facca, Klavdija Figelj, Antonella Gallarotti, Tanja Godnič, Alexander Kaimbacher, Maša Klavora, David Kožuh, Ana Lahajnar, Ian Lewis, Vanja Miljavec, David Orzan, Edith Parlier-Renault, Andreja Repič Agrež, Marjeta Semolič, Boris Strukelj und Alessia Tamer.

### Fotos Umschlag:

U1 v.l.n.r.:
Getty Images: zakaz86, helovi, Belus, Shutterstock: tokar
U4:
alle Gai Jeger, ausgenommen 2. von rechts: Haidamac/Shutterstock
Autorinnenporträt:
Lena Kern

### Fotos Kern:

von Gai Jeger, ausgenommen Shutterstock: S. 5, 25 PHLD Luca S. 7, 161 WhyNotChannel, S. 10 Shevchenko Andrey, S. 11 Sergio Delle Vedove, S. 21 BearFotos, S. 87 Pro PhotoCare, S. 88 Simon Kovacic, S. 100 Dragoncello, S. 151 Nicola Simeoni, S. 162 marcin jucha

Außerdem: S. 8 Massimo Crivellari, S. 15 Masticatopolino, S. 20 Biblioteca Statale Isontina, S. 29, 39, 40, 43 oben, 80/81, 91, 123, 127, 140, 144/145, 149, 175 Irene Hanappi, S. 42, 43 unten Lorenzo Greppi/Museo della Moda edelle Arti, S. 55, 63, 64, Assoziazione Quarantasettezeroquattro, S. 68 Romano Facca, S. 101, 103 David Verlič, S. 115 Damir Fabijanić/Architekturbüro Ravnikar Potokar, S. 116 Matjaž Prešeren, S. 118 Arhiv TIC Nova Gorica, S. 130 Goriški Muzej Photo Archive, S. 138, 139, 143 Collio Brda Classic, S. 141 Benny Kosic, S. 155 La Subida/Giulia Godeassi, S. 167, 188/189 Marijan Mocivnik, S. 171 Mateja Pelikan, S. 176, 178, Jost Gantar, S. 177 BeGR8Media, S. 180/181 Miha Pavlin, S. 184 JRP Studio

# We build strong connections
## Sustainable and innovative

For more than 100 years, we have been a reliable partner for all master builders. Our cements, concretes and stone aggregates are also installed in the Črni Kal viaduct.

www.alpacem.si

Liebe Leserin, lieber Leser,
haben Sie die Geschichten von den beiden Schwesterstädten
und der Region in Ihren Bann gezogen?
Dann freuen wir uns über Ihre Weiterempfehlung.

Wünschen Sie weitere Informationen?
Möchten Sie mit unserer Autorin in Kontakt treten?
Wir freuen uns auf Austausch und Anregung unter
post@styriabooks.at

Inspiration, Geschenkideen und gute Geschichten finden Sie auf
www.styriabooks.at

## STYRIA BUCHVERLAGE

© 2025 by Styria Verlag
in der Verlagsgruppe Styria GmbH & Co KG
Wien — Graz

Verlagsgruppe Styria GmbH & Co KG
Lobkowitzplatz 1, 1010 Wien, Austria
E-Mail: office@styriabooks.at

Alle Rechte vorbehalten
ISBN 978-3-222-13743-3

Bücher aus der Verlagsgruppe Styria
gibt es in jeder Buchhandlung und
im Online-Shop www.styriabooks.at

Texte: Irene Hanappi
Fotografien: Gai Jeger
Buch- & Covergestaltung: Raphael Drechsel
Karten: Raphael Drechsel, basierend auf
Open StreetMap (openstreetmap.org/copyright)

Projektleitung & Lektorat: Stefanie Jaksch
Korrektorat: Katharina Bacher
Projektleitung Verlag: Elisabeth Fantner-Blasch

Hinweis: Die Kontaktdaten bei den Tipps entsprechen dem aktuellen Stand bei Redaktionsschluss. Die Überblickskarten erleichtern die Orientierung, können aber die Verwendung einer detaillierten Karte oder eines Navigationsgeräts natürlich nicht ersetzen.

Druck und Bindung: Florjancic
7 6 5 4 3 2 1
Printed in the EU

Mit freundlicher Unterstützung

Alpacem